나도
내 마음을
모르겠어.

짜증나!   너무 속상해.

ㄲㄲ
따분

게임도 맘대로 못 하고!

분노   지루해!

에잇! 또 시험 망쳤다.
봉대는 잘 봤던데.

걱정이야.   좋겠다.

너무 싫에!

화가
난다!
버럭

휴~

잔소리   김뚜순은 넙치래요.
넙치래요.

잔소리

김뚜순 메~~롱!

난 라면이 세상에서 제일 좋다.

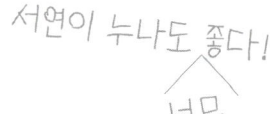
서연이 누나도 좋다!
너무

놀고 싶다.

실망   따분해!

난 수학이 싫다.

수학 공부는 왜 해야
하는 걸까.

소심

혼자 있고 싶다.   나는 누구인가!

너무 부럽다.

으... 외롭다. 아무도 필요 없어!

나도 운동화 사고 싶은데!

불안

너무해!

나는 왜 이렇게 못생긴 걸까?
옆집 천평이가 부럽다.

치, 우리 가족은 다 누나만
좋아해! 누나 미워!

잔소리

학원 없는 세상 좋아!

슬픔

ㅠㅠ

엄마랑 싸웠다.
센 척하고 싶어서 문을 쾅 닫고
내 방으로 들어왔다.

억울해!

근데 방에 들어오자마자
눈물이 쏟아졌다.
억울하고 서러웠다.

짜증

흑흑!

학원

숙제

싫어!

난 아빠를 닮은 거겠지?

내 치킨이
없어졌다!

슬프다.

너무해!

아빠가 밉다.

초조

내 맘도 몰라주고...

짜증나!

1판 1쇄 발행 | 2024년 9월 25일
1판 3쇄 발행 | 2025년 1월 10일

원작 | 뚜식이
감수 | 샌드박스네트워크
감수 및 과학 콘텐츠 | 이슬기
글 | 최유성
그림 | 신혜영
발행인 | 심정섭
편집인 | 안예남
편집 팀장 | 최영미
편집 | 한나래, 이수진
구성 및 디자인 | 윤보현
브랜드마케팅 | 김지선, 하서빈
출판마케팅 | 홍성현, 김호현
제작 | 정수호

발행처 | (주)서울문화사
등록일 | 1988년 2월 16일   **등록번호** | 제2-484
주소 | 서울특별시 용산구 새창로 221-19(한강로2가)
전화 | 02-791-0708(구입) 02-799-9148(편집) 02-790-5922(팩스)
출력 및 인쇄 | 에스엠그린

ISBN | 979-11-6923-461-0
979-11-6923-460-3 (세트)

ⓒ뚜식이, ⓒSANDBOX NETWORK Inc. ALL RIGHTS RESERVED.

※파본은 구입처에서 교환해 주시기 바랍니다.

추천의 글

뚜식이와 함께하는
재미있는 과학 이야기!

여러분은 어떤 이야기를 좋아하나요?

이 책의 주인공 뚜식이처럼 게임 이야기를 좋아하나요? 아니면, 뚜순이처럼 멋진 연예인 이야기를 좋아하나요?

저는 우리 생활 곳곳에 숨어 있는, 그리고 인간과 떼려야 뗄 수 없는 분야, 바로 '과학 이야기'를 좋아합니다. 자연, 동물, 인간 등 이 세상의 모든 것을 이해하기 위해서 과학은 매우 중요한 분야이지요.

〈뚜식이의 과학 일기〉 시리즈는 엉뚱하고 귀여운 뚜식이를 통해 다양한 과학 이야기를 재미있게 보여 줍니다. 똑소리 나는 뚜순이처럼 흥미진진한 과학 지식도 쏙쏙 담아냈지요. 특히 일기 형식의 스토리는 독자들에게 깊은 공감을 얻고, 곳곳의 알찬 정보는 독자들에게 자연스럽게 스며듭니다. 지루할 틈 없이 등장하는 재미있고 기발한 내용의 만화는 정말 큰 웃음을 줍니다.

이 시리즈를 통해 뚜식이, 뚜순이는 물론 알면 알수록 재미있는 과학과도 한층 가까워져 보세요.

〈뚜식이의 과학 일기-뇌와 사춘기〉에서는 사춘기에 겪게 되는 고민과 갈등을 뚜식이 특유의 엉뚱함으로 재미있게 풀어 나갑니다. *전문적인 정보뿐만 아니라 사춘기의 소소한 고민에 대해 구체적인 지침과 깨알 같은 노하우를 제시한다는 점에서 매우 인상적이지요.*

사춘기에는 왜 유독 세상에 혼자만 있는 것처럼 외롭고, 게임에 집착하게 되고, 이성 친구에 대한 호기심이 생기는 걸까요? 사춘기와 관련된 여러 궁금증에 대해 뚜식이, 뚜순이가 여러분의 눈높이에 맞춰 쉽고 재미있게 알려줍니다. 책의 내용을 살펴보면서 사춘기 심리 변화와 뇌의 발달 과정을 이토록 흥미롭게 연결할 수 있다는 사실이 놀라웠습니다. 또 딱딱한 글이 아니라, 만화와 그림과 함께 사춘기의 고민을 일기로 풀어 낸 것을 보며 머리가 끄덕여졌습니다.

곧 사춘기를 맞게 될, 혹은 현재 사춘기를 겪고 있는 학생들에게 *이 책이 사춘기라는 롤러코스터를 편안하고 현명하게 보낼 수 있도록 도움이 되는 친구 같은 지침서*가 되길 기대합니다.

수인재두뇌과학센터 수석 소장 이슬기

휴…, 요즘 왜 이렇게 외롭지?

김뚜식

공부보다 게임을 더 좋아하는 평범한 중학생

★ 취미: 유튜브 영상 촬영
★ 성격: 엉뚱하고 착하다.
★ 매력 포인트: 마카롱 같은 입술
★ 좋아하는 사람: 비밀

치킨은 사랑이지~!

친구들과 떡볶이를 먹으며 연예인 이야기 하는 걸 좋아하는 평범한 고등학생

★ 취미: 원룸소년단 포토카드 모으기
★ 매력 포인트: 톡 쏘는 말투
★ 좋아하는 음식: 치킨
★ 몸무게: 비밀

 김뚜순

엄마랑은 말이 안 통해! · 12

뚜식이의 호기심 연구 일지
'원숭이 같다!'에 담긴 뜻 · 28

내가 알아서 할게요! · 30

뚜식이의 진지한 실험 일지
매운 음식 VS 단 음식 · 46

우리 뇌를 알아볼까요? · 48
사춘기에 겪는 뇌의 큰 변화 · 50

이 세상에 나 혼자만 있는 것 같아! · 52

뚜식이의 진지한 실험 일지
세로토닌을 늘리는 방법 · 68

심심해! 너무 심심해! · 70

뚜식이의 진지한 실험 일지
멍때리기 대회 · 86

사춘기, 게임이 너무너무 재미있는 이유 · 88
사춘기의 뇌가 게을러지는 이유 · 90

가짜 친구 VS 진짜 친구 · 92

뚜식이의 알쏭달쏭 퀴즈 · 108

게으른 건 다 뇌 탓이야! · 110

뚜식이의 진지한 실험 일지
숙면하는 방법 · 124

사춘기에 숨겨진 비밀 · 126
사춘기 뚜식이의 반항 · 128

나도 아이돌처럼 되고 싶어! · 130

뚜순이의 똑소리 나는 도전 일지
건강한 다이어트 · 146

나의 짝사랑은 날 어떻게 생각할까? · 148

봉대의 두근두근 고백 일지
성공적인 고백 작전 · 162

수상한 사춘기 우울증 · 164
사춘기, 공감과 배려가 중요한 이유 · 166

뚜식이 과학 신문 · 169
나의 게임 습관 테스트 · 174
뇌와 사춘기 능력 평가 · 177

엄마랑은 말이 안 통해!

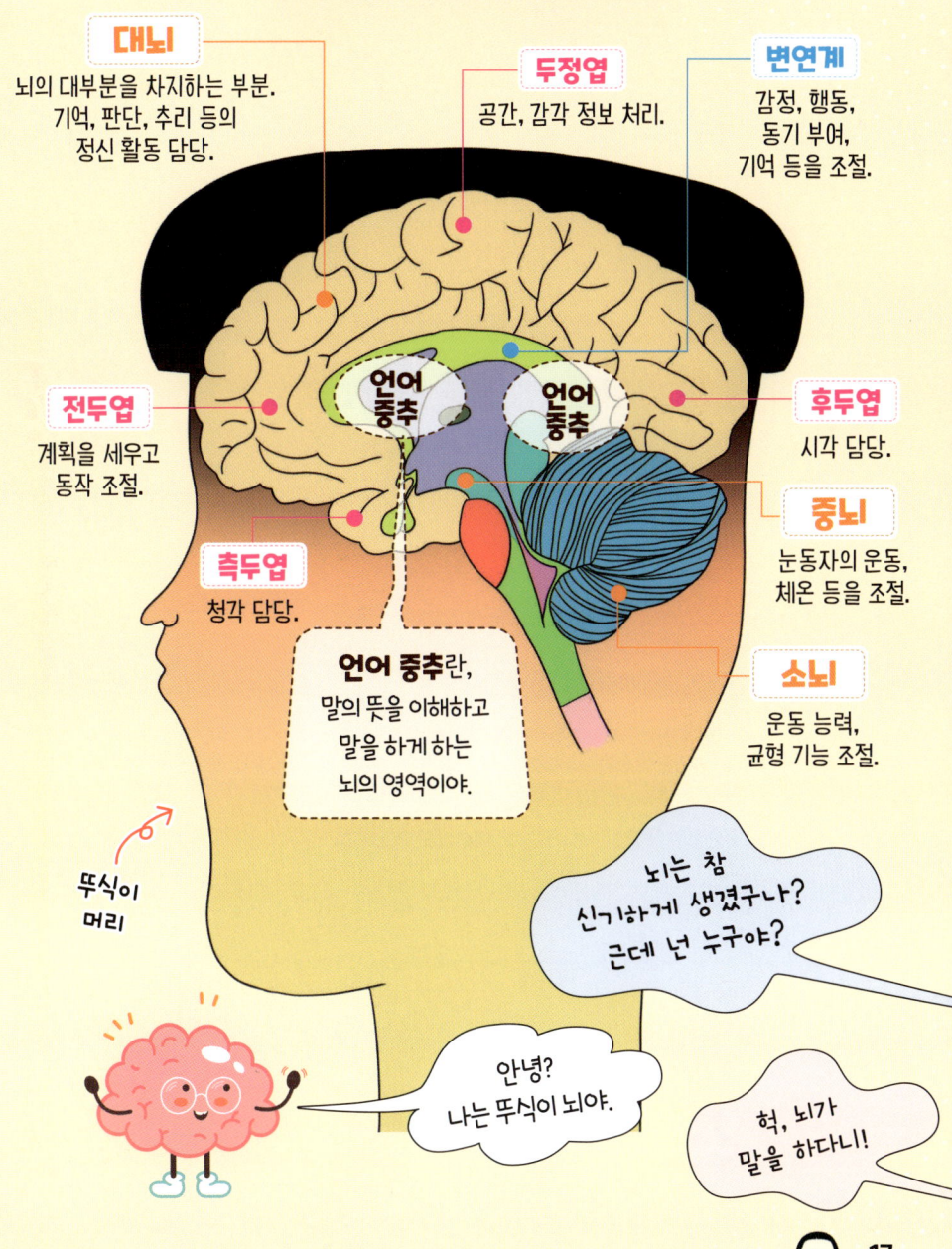

얼마 전까지 날씨가 엄청 더워서 입맛이 없었는데, 조금 시원해지니까 자꾸 배가 고프다. 그래서 학교 끝나고 집에 오는 길에 친구들이랑 편의점에서 라면을 먹었다. 편의점에서 먹는 라면은 꼬들꼬들 정말 맛있다.

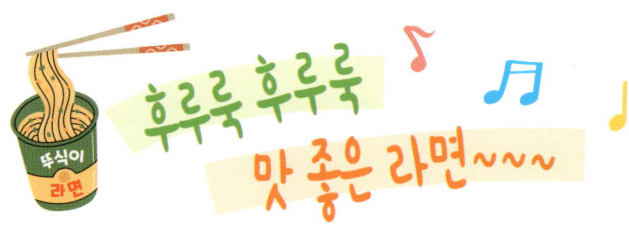

사실 집에서 라면 한 봉지 끓여서 아주 새콤하게 잘 익은 김치~쓰랑 같이 먹으면 세상에서 제일 맛있지만, 라면을 끓일 때마다 한 젓가락씩 뺏어 먹는 우리 가족 때문에 너무 스트레스를 받는다.

 뚜식이는 좋겠다.
이렇게 맛있는 라면을 집에서도 먹을 수 있어서.

어느새 라면을 다 먹은 봉대가 아쉬워하며 말했다.

봉대네 엄마는 건강을 위해서 밖에서 파는 라면이나 짜장면을 못 먹게 하신다고 한다. 둘 다 정말 맛있는데, 엄마들은 도대체 왜 그러는 걸까?

 봉대야, 이렇게 엄마 몰래 사 먹으면 되잖아~.

그러다 문득 엄마가 오늘 아침에 하신 말씀이 떠올랐다.

 우리 엄마는 내가 라면 사 먹는 돈이 아깝나 봐.
오늘도 라면 사 먹지 말고 곧장 집으로 오랬어.
흥, 라면이 비싸면 얼마나 비싸다고!

 설마~, 엄마가 비싸서 먹지 말라고 하셨겠어?
근데 너희, 새로 나온 맵떡라면 먹어 봤어?

 죽음의 맛이지~!

 역시 뚜식이가 라면 맛 좀 아는구나!

친구들과 수다를 떨며 라면을 먹으니 정말 행복했다. 😊

누나 때문에 짜증이 나서 목소리가 커졌다. 나는 당장 내 방으로 들어가고 싶었지만 꾹 참았다.

 뚜식아, 학교에서 무슨 일 있었어?

아빠의 질문에 나는 가만히 고개를 저었다.

그저 배가 고프지 않아 더 이상 먹지 않겠다고 했을 뿐인데, 갑자기 분위기가 이상해졌다. 휴~.

솔직히 나도 왜 이렇게 됐는지 모르겠다.

 뚜식아, 혹시 친구랑 싸웠니?

아빠는 또 물으셨고 나는 또 고개를 저었다.

뚜식이 쟤, 집에서만 저래요. 아까 밖에서 봤는데, 친구들이랑 깔깔대면서 편의점 가던데요?

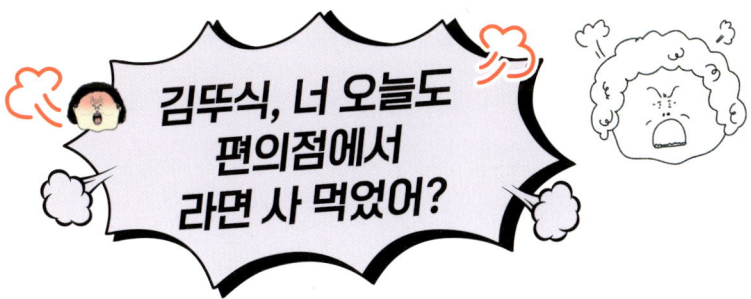

나는 아차 싶었지만, 엄마의 화난 목소리에 나도 불끈 화가 났다.

배고파서 라면 좀 먹은 게 그렇게 잘못이에요? 오늘은 봉대가 사 줬어요. 엄마가 준 돈은 10원도 안 썼다고요. 그럼 됐죠?

사실 봉대가 사 줬다는 건 거짓말이었다. 하지만 엄마가 돈 때문에 화를 내신 것 같아 거짓말이 나와 버렸다.

 뭐라고? 김뚜식! 지금 뭘 잘했다고 큰소리야?

 여보! 뚜식이도 사정이 있었겠지. 뚜식이는 잠깐 네 방에 들어가 있어.

방으로 들어와 책상 앞에 앉으니 한숨이 나왔다.

친구들이랑 있을 때는 척하면 척! 쿵하면 짝! 하며 너무 말이 잘 통하는데, 왜 엄마랑은 이렇게 말이 통하지 않는 걸까? 너무 답답하다.

잠시 뒤, 아빠가 방으로 들어오셨다.

 뚜식아, 엄마가 편의점에서 라면 사 먹지 말라고 해서 서운했어?

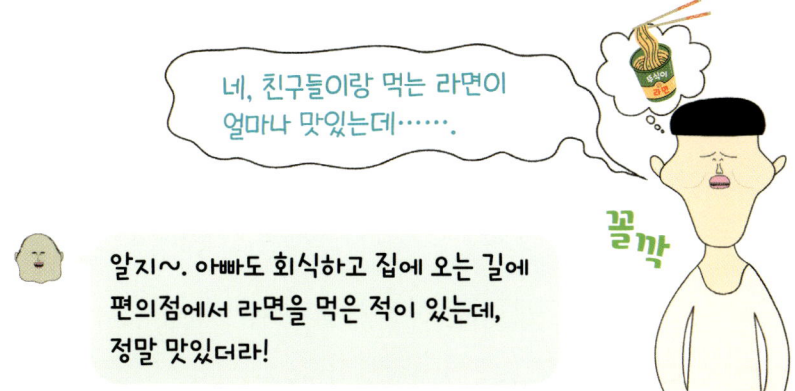

컵라면을 떠올리자 나도 모르게 입맛을 다셨다. 그 모습을 보며 아빠가 웃으셨다.

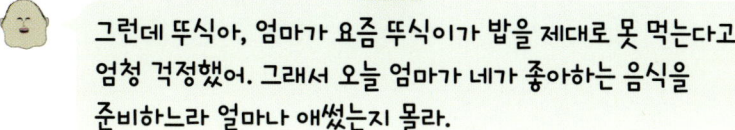

그랬나?? 그다지 배가 고프지 않아 식탁 위에 차려진 음식을 눈여겨보지 않았는데, 갑자기 엄마에게 죄송한 마음이 들었다.

아빠랑 이야기가 좀 통하나 싶었는데, 결국 잔소리네. 혹시 그런 생각하고 있는 건 아니지?

당황한 나를 보며 아빠가 장난스럽게 웃으셨다. 그래서 나도 웃으며 말했다.

좀 더 길어졌으면 결국은 잔소리구나! 했겠지만, 이 정도면 아빠랑은 말이 좀 통하는 것 같아요.

헤헤

아직은 말이 통한다고 해 주니 다행이네. 하지만 어느 날 갑자기 아빠랑도 말이 안 통한다고 느껴지는 날이 올 거야.

아빠도 그랬어요?

그럼~, 아빠도 할아버지랑 말이 안 통한다고 생각돼서 답답해 하던 때가 있었지. 너희 같은 사춘기 때는 부모님께 짜증도 내고 공격적인 말을 내뱉기도 했어.

사춘기가 되면 몸이 훌쩍 자라면서 2차 성징이 나타나. 이때 늘어난 남성 호르몬이 뇌를 자극하면서 폭력적인 말과 행동이 나오는 거야.

2차 성징

보통 남자는 11~13세, 여자는 9~11세 전후에 신체가 성장하는데 이때 나타나는 남자, 여자의 서로 다른 신체적 특징.

사실 아빠는 지금도 할아버지랑 말이 안 통한다고 느낄 때가 있어. 아직도 아빠의 **전두엽**은 성장 중인가 봐.

 전두엽이요?

아빠는 이마 부분을 손가락으로 짚으며 말씀하셨다.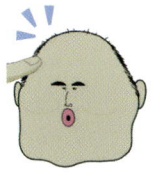

응, 요기 있는 전두엽이 하는 일 중 하나가 소통을 하는 건데 25세는 되어야 비로소 제 역할을 한다는구나! 그때까지는 계속 성장 중인 거지.

그 말에 난 웃음이 터지고 말았다.

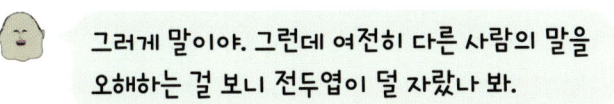
아빠는 한참 전에 25세가 넘었잖아요~.

그러게 말이야. 그런데 여전히 다른 사람의 말을 오해하는 걸 보니 전두엽이 덜 자랐나 봐.

아빠는 갑자기 주머니에서 주섬주섬 무언가를 꺼내셨다. 얼핏 보니 푸릇푸릇한 만 원짜리 지폐였다.

 넌 전두엽도 성장 중이지만, 몸도 쑥쑥 크는 중이니까 뭐든 잘 먹어야 해. 그리고 엄마가 알뜰한 건 맞지만, 그렇다고 네가 라면 사 먹는 돈까지 아까워하는 건 아니야. 그러니 엄마한테 사과도 하고. 엄마가 무척 속상했을 거야.

아빠는 머리를 긁적이며 방을 나가셨다.

 네, 그럴게요. 용돈 고맙습니다.

나는 종이 한 장을 꺼내 엄마에게 편지를 썼다. 말로 사과를 하다가 괜히 또 뾰족한 말이 불쑥 튀어나올까 봐 글로 쓰기로 했다.

오늘 있었던 일들을 다시 떠올리며 편지를 쓰다 보니, 엄마에게 더 죄송한 생각이 들었다. 오늘 밤 자기 전에 엄마에게 편지를 드리면서 꼭 사과해야겠다.

엄마, 사랑해요!

뚜식이의 호기심 연구 일지

요즘 가족들과 대화를 할 때 불끈불끈 짜증을 내는 나를 보며, 뚜순이 누나가 **"너 정말 원숭이 같다!"** 라고 말했다. 무슨 뜻일까?
나는 뚜순이 누나의 말이 무슨 뜻인지 연구해 보았다.

"너 정말 나무를 잘 타는구나!"
➡ 난 지금까지 나무를 타 본 적이 없다.

"너 정말 바나나를 좋아하는구나!"
➡ 난 과일 중에서 바나나보다 딸기를 더 좋아한다.

"너 정말 재주를 잘 부리는구나!"
➡ 나는 춤도 잘 추고 노래도 잘 부르니까, 이런 뜻이 담겨 있을 수도 있겠다고 생각해 본다.

"너 전두엽이 덜 발달했구나!"
➡ 전두엽? 원숭이와 전두엽에 대해 알아보기로 한다.

연구 날짜	7월 15일	참가자	김뚜식
연구 주제	"너 정말 원숭이 같다!"에 담긴 뜻 찾기		

내 친구 봉대에게 물어봤더니, 나의 춤과 노래 실력이 저런 칭찬을 들을 수준은 아니라고 했다. 첫······.

나는 조금 더 자료를 찾아보았다. 그런데 전두엽은 이성적인 판단을 하는 데 매우 중요한 역할을 하기 때문에 **전두엽의 발달 정도는 인간과 동물을 구분하는 중요한 기준이 된다**는 자료를 보았다. 전두엽이 가장 발달한 동물은 인간이라는 것이다. 결국 뚜순이 누나가 한 말은, 나보고 원숭이처럼 전두엽이 덜 발달했다는 뜻이었다.

아하!

두고 봐, 나의 전두엽이 얼마나 멋지게 성장하는지!

내가 얼마나 멋있어져야 하는 거야? 부담스러운데?

전두엽

두 번째 일기

내가 알아서 할게요!

며칠 전부터 집안 분위기가 엉망이다. 누나는 말도 잘 안 하고 엄마는 한숨만 쉬신다. 그 사이에서 눈치 보느라 나만 너무 힘들다!
그러다 엄마와 이모의 전화 통화를 들었다.

 뚜순이가 공부하느라 스트레스를 많이 받나 봐…….

엇? 역시 뭔가 있다.

흥미진진

엄마랑 뚜순이 누나가 분명 **싸운 거다!**
아니지! 엄마는 누나한테 할 말을 했을 뿐인데, 누나 혼자 삐친 거겠지~.

이모

뚜순이가 자기가 알아서 할 테니까 엄마는 상관하지 말라고 하는데, '넌 어느 별에서 왔니?'라고 물어볼 뻔했다니까. 내가 지금까지 키운 내 자식이 아닌 것처럼 낯설더라고! 사춘기라서 그런가 봐. 에휴~.

옆에서 들어 보니, 휴대폰 너머의 이모가 뚜순이 누나를 칭찬하는 것 같았다.

알지~, 우리 뚜순이는 혼자서도 잘하는 애인 거.
그래도 그 말이 너무 서운하더라고.
아이가 '내가 알아서 할게.'라고 말하면 '네가 어른이 되기 위해 첫발을 떼는구나!'라고 응원해 주라던데, 그 말을 직접 들으니 아무 생각도 안 나더라.

내가 알아서 할게요!

중학생인 나도 이만큼 힘든데, 고등학생인 누나는 더 힘든 일이 많을 거라는 건 안다. 하지만, 엄마랑 누나가 말을 안 하고 있으면 내가 너무 힘들다. 고래 싸움에 새우 등, 아니 엄마 누나 싸움에 뚜식이 등이 터질지도 모른다. 이 싸움이 길어지기 전에 화해시켜야 한다.

나는 한 시간 정도 동네를 돌다가 집에 들어왔다.

집 안은 조용했다.

거실에는 엄마와 누나가 텔레비전을 보고 있었다. 난 아무 말도 하지 않고 내 방으로 들어왔다.

조금 뒤, 내 방문을 두드리는 소리가 들렸다.

문을 열고 뚜순이 누나가 빼꼼 고개를 내밀었다.

김뚜식! 뭐 하냐?

누나가 침대에 앉아 있는 나한테 다가왔다.

김뚜식, 너 사춘기냐? 근데 아무리 사춘기여도 엄마한테 말이 좀 심했던 거 같은데?

나는 아무 말도 하지 않았다.

 엄마는 네 생각해서 하시는 말씀인데, 네가 너무 예민하게 받아들인 것 같아. 엄마가 많이 속상해하셨어. 엄마한테 죄송하다고 하는 게 좋을 것 같은데?

내가 계속 아무런 말을 하지 않자, 누나가 나를 살짝 흔들었다.

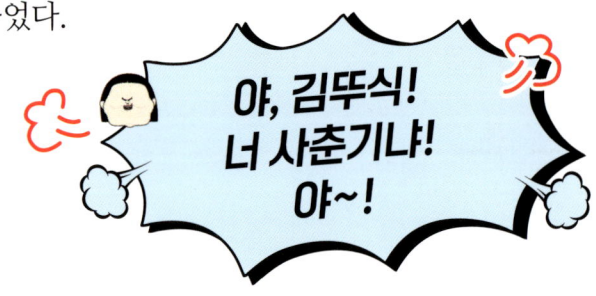

그때, 나는 이불을 확 젖히고 벌떡 일어났다.

엄마, 뚜식이가 엄마한테 버릇없이 말하는 모습을 보면서 저도 많이 반성했어요. 저는 엄마가 하는 말들이 다 잔소리처럼 들려서 너무 스트레스를 받았거든요. 죄송해요.

그 순간, **전두엽**이 떠올랐다. 누나도 전두엽이 성장 중이라 엄마의 말이 잔소리로 들린 거구나!

속으로 풋~ 하고 웃음이 나왔지만, 진지한 순간이라 꾹 참았다. 나중에 누나한테도 아빠가 해 주신 **전두엽 이야기**를 해 줘야겠다고 생각했다.

엄마는 누나와 나를 번갈아 보시더니 조심스럽게 말을 꺼내셨다.

 뚜순아, 뚜식아. 너희가 공부나 학교 생활로 고민도 많고 힘들다는 거 알아. 하지만 힘들다고 해서 가족이나 주변 사람들에게 너희 기분대로 행동하는 건 옳지 않아.

엄마는 **사춘기**라 유독 짜증이 많아진 우리 때문에 엄마 역시 **스트레스**를 많이 받는다고 하셨다.

저녁을 먹고 방에 들어와서 공부를 하려고 했다. 그런데 문득 스트레스는 왜 받는지 그 이유가 궁금해졌다. 혹시 사춘기라서 스트레스를 더 받는 걸까? 그래서 검색을 시작했다. 절대로 공부가 하기 싫어서는 아니었다.

내 이름은 스트레스! 안정적인 상태가 깨질 것 같을 때 느끼는 몸과 마음의 긴장 상태를 말해.

청소년 시기에는 성호르몬이 분비되고 뇌가 발달하는 과정이라 예민하고 힘들어져. 이 시기에 스트레스를 많이 받는 데는 다 이유가 있지.

스트레스를 받을 때 분비되는 코르티솔이라는 호르몬은 사춘기가 시작되는 시기에 급격히 많아지거든. 또 사춘기의 뇌는 스트레스에 영향을 받는 측두엽이 성장 중이라, 어른보다 스트레스에 더 약해.

스트레스가 말을 하네?

뇌도 말하잖아!

성호르몬

호르몬은 몸속을 돌며 여러 기관에 정보를 전달하는 물질을 말하며, 그중 성호르몬은 남성과 여성의 특징을 만들어 주는 물질이다.

조금 더 찾아보니, 스트레스를 많이 받으면 신체적으로도 여러 증상이 나타날 수 있다고 한다. 소화 기관이 약해져 소화가 잘 안 되거나, 과민성 대장 증후군과 장염 같은 질환에 시달릴 수도 있다고 한다.

동물은 위협을 느끼는 그 순간에만 스트레스를 받지만, 사람은 동물보다 뇌가 발달했기 때문에 스트레스를 좀 더 오래 받아.

어제 내가 뭐 때문에 화가 났었지?

사람들은 지나간 일을 계속 떠올리거나 아직 일어나지 않은 일을 미리 걱정하며 스트레스를 만들기도 해. 부정적인 생각이나 상상만으로도 코르티솔이 분비되는데 말이야, 크큭.

며칠 전 친구들 앞에서 넘어져서 창피를 당한 일이 계속 생각나.

신학기에 누구랑 짝이 될지 너무 걱정돼.

휴~, 또 살쪘네. 어제 야식을 괜히 먹었나 봐….

윽, 내일이 벌써 월요일이네? 내 주말이 언제 다 지나갔지?

내일이 '뚜식이 영상' 업로드 날인데, 아직도 편집이 안 끝나서 걱정이에요. 영상 편집을 빨리해야 한다는 스트레스를 받지만, 힘들게 만든 영상이 많은 관심을 받으면 정말 행복하답니다.

남뚜
(뚜식이 크리에이터)

이렇게 사람들은 생활 속에서 다양한 스트레스를 받아.

다음 날이었다.

내 방 책상 위에 메모가 남겨져 있었다.

뚜식아, 고마워!
네 덕분에 누나랑 화해했네. 고마운 마음을 담아 일주일 컴퓨터 사용 금지는 없던 일로 해 줄게.
엄마가

오예! 바로 이거지!

나는 얼마 전에 컴퓨터 사용 금지를 당했다. 왜냐고? 수학 학원 숙제를 안 했기 때문이다.

나는 학원까지 다니면서 수학을 공부하고 싶지 않다. 살면서 필요한 계산만 잘하면 되지, 그깟 수학 잘해서 뭐 해? 머리만 아프다.

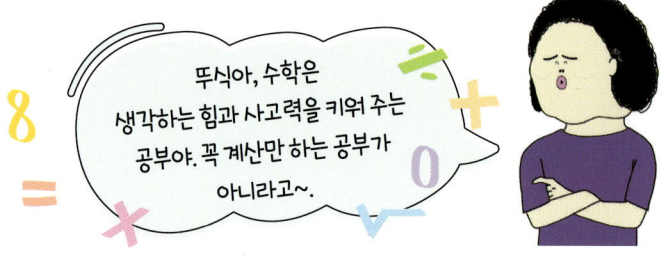

뚜식아, 수학은 생각하는 힘과 사고력을 키워 주는 공부야. 꼭 계산만 하는 공부가 아니라고~.

엄마는 나한테 학원 숙제를 하지 않을 거면, 컴퓨터도 쓰지 말라고 했다. 뭐? 컴퓨터를? 그럼 게임은?

그리고 며칠 뒤, 난 봉대와 노느라 학원 숙제를 또 안 했다. 그랬더니 엄마가 약속은 약속이니 앞으로 일주일 동안 컴퓨터 사용 금지라고 했다.

약속? 무슨 약속?
내가 언제 약속을 했다는 거지?

약속이란 둘이 같이 정하는 거 아닌가? 사전을 찾아봤다.

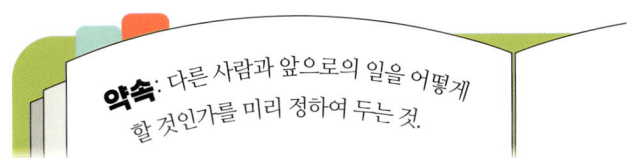

약속: 다른 사람과 앞으로의 일을 어떻게 할 것인가를 미리 정하여 두는 것.

뭐, 이런 일이 한두 번도 아니다. 엄마는 매번 이런저런 규칙을 만들고는 이렇게 말씀하신다.

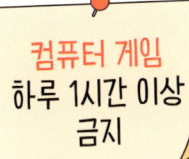 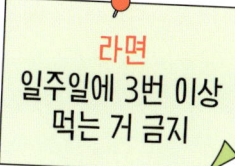 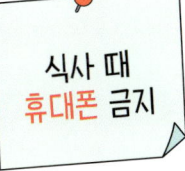

 앞으로 이렇게 하기로 약속하는 거다!

한 번은 너무 **화**가 나서 꽥 소리를 질렀다.

 제발 저 좀 내버려 두세요! 그런 건 제가 알아서 할게요!

 알아서 하는 게 이 모양이야? 너, 오늘 학원에서 전화 왔어. 또 숙제 안 했다며! 컴퓨터 금지야!

 하지만, 나 김뚜식!
스스로의 힘으로 컴퓨터 사용 금지를 해제했다!

왜 자꾸 나만 갖고 그래!

뚜식이의 진지한 실험 일지

실험1 — 엄청 매운 떡볶이 먹기

사실 난, 매운 걸 잘 못 먹는다! 그렇지만 서연이 누나가 매운 걸 잘 먹는 사람이 멋있다고 해서 제대로 맵부심을 부려 봤다. 가장 매운 단계의 떡볶이를 먹은 다음 청양고추를 3개나 썰어 넣은 라면을 그 자리에서 후루룩 먹어 버렸다.
땀이 뚝뚝 떨어지고 쓰읍~ 숨을 들이쉴 때마다 매운맛에 공격당해 혀가 마비된 느낌이었다.

실험1의 결과

실제로 매운 음식은 스트레스를 줄이는 데 효과가 있다고 한다. 매운맛을 내는 '캡사이신'이라는 성분을 먹게 되면, 우리 몸은 매운맛을 줄이기 위해 '엔도르핀'이라는 물질을 분비해서 통증을 줄이고 기분을 좋게 만든다고 한다.
하지만 실험 다음 날, 나는 화장실 변기와 한 몸이 되어야 했다……. 매운 음식을 너무 많이 먹은 탓에 배탈이 났기 때문이다.
멈추지 않는 설사 때문에 엉덩이에 불이 나는 줄 알았다! 너무 매운 음식은 위장에 자극을 주어 건강에 해로울 수 있으니 적당히 먹어야 한다는 걸 다시 한번 깨달았다.

실험 날짜	7월 23일~7월 25일	참가자	김뚜식
실험 주제	매운 음식 VS 단 음식 어떤 음식이 스트레스 해소에 도움이 될까?		

실험2 달콤한 초콜릿 먹기

나는 편의점에 가서 초콜릿을 종류별로 잔뜩 사 왔다. 그리고 하나씩 먹기 시작했다. 음~, 달콤해! 그때 내 방에 들어오신 엄마가 수북이 쌓여 있는 초콜릿 포장지를 보시고는 깜짝 놀라며 말씀하셨다.
"뚜식아, 초콜릿을 그렇게 많이 먹으면 충치가 생길 수 있어. 먹고 꼭 이를 깨끗이 닦아야 해!"

실험2의 결과

초콜릿의 원료로 사용되는 카카오의 함량이 70%인 다크 초콜릿은 스트레스를 줄이는 데 효과가 있다고 한다. **하지만 초콜릿을 너무 많이 먹게 되면 치아 건강에 좋지 않다.** 또 너무 단 음식은 혈당을 급격하게 올렸다가 떨어뜨려서 오히려 무기력증과 우울감이라는 부작용이 생길 수 있으므로 조심해야 한다.

초콜릿을 먹었으니 어서 양치를 해야해

호두, 아몬드, 땅콩 같은 견과류는 스트레스를 받으면 나오는 호르몬인 코르티솔을 줄이는 데 효과가 있대. 그러니 고소한 견과류를 오독오독 씹으며 스트레스를 풀어 보는 건 어떨까? 초콜릿을 살짝 입힌 견과류를 추천할게!

이슬기 소장님과 함께하는 과학 이야기!

우리 뇌를 알아볼까요?

과학 호기심: 우리 뇌는 생각하지 않으려고 노력한다고?

놀랍게도 **우리의 뇌는 최대한 '생각하지 않고 게으르게 살기 위해서' 존재하는 기관**입니다.

뉴욕 의과대학교 로돌포 이나스(Rodolfo R. Llinas) 교수는 우리의 뇌가 왜 필요한지 '우렁쉥이'라는 동물 연구를 통해 이야기합니다. 우렁쉥이는 우리가 알고 있는 멍게이지요.

멍게는 바다 이곳저곳을 헤엄쳐 다니다가 온도가 적당하고 먹이가 많은 곳을 발견하면 자리를 잡고 죽을 때까지 한곳에 달라붙어서 살아갑니다.

그런데 이렇게 평생 살 곳을 고르고 나면 가장 먼저

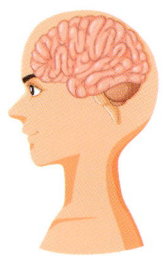

우렁쉥이(멍게)

하는 일이 바로 자기 뇌를 먹어 치우는 것입니다. 멍게는 왜 자기 뇌를 먹어 치우는 걸까요? **뇌과학자들의 답은 간단합니다.**

변화무쌍한 환경에 적응하기 위해서 존재하는 뇌는, 더 이상 환경에 적응할 필요가 없어진 멍게에게는 쓸모가 없어졌기 때문입니다. 결국 모든 동물과 사람의 뇌는 **변화무쌍한 환경 속에서 '변하지 않는 패턴을 읽어 내는 것'이 가장 큰 목적이며, 이 목적을 이루고 나면 더 이상 활동하지 않습니다.**

뇌의 무게는 1.3kg밖에 되지 않지만 엄청난 대식가라서 우리 몸에 필요한 에너지 가운데 무려 $\frac{1}{3}$을 소모합니다. 그 결과 **적은 에너지를 사용하기 위해서 우리의 뇌는 최대한 습관대로 행동**하려고 하지요.

너무너무 궁금해요!

더욱 흥미로운 사실은 **우리의 뇌가 영역별로 습관적인 행동을 만들어 내는 방식이 다르다**는 점입니다. 예를 들면, 소뇌는 운동에 특화되어 있고, 대뇌피질은 보거나 듣는 데 특화되어 있지요. 그래서 우리가 어떤 습관을 가지고 꾸준히 노력하느냐에 따라 잘할 수 있는 행동이 달라집니다.

마치 손흥민 선수가 하루도 빠짐없이 슈팅 훈련을 해서 세계적인 축구선수가 될 수 있었던 것처럼 말이지요. 손흥민 선수가 연습한 대로만 프리 킥을 차면 멋진 골을 넣을 수 있는 것은 뇌의 입장에서는 너무나 당연한 것입니다.

과학 호기심: 3층으로 이루어진 뇌

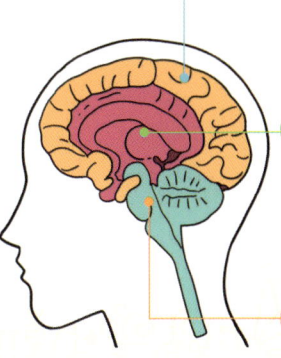

3층 영장류의 뇌(이성의 뇌, 대뇌피질)
인간, 오랑우탄 등에게만 있는 뇌 구조. 좌뇌와 우뇌로 기능이 나뉘고, 전두엽, 두정엽, 측두엽, 후두엽으로 나뉜다.

2층 포유류의 뇌(감정의 뇌, 대뇌변연계)
좋다, 싫다 같은 단순 감정부터 행복감, 상실감, 그리움 등 다양한 감정이 발달하는 영역. 해마와 편도체라는 기관이 있는데, 이 부분을 변연계라고 한다.

1층 파충류의 뇌(생명 유지의 뇌, 뇌간과 소뇌)
호흡 같은 기본적인 생명 유지를 담당. 도마뱀이나 새부터 인간에 이르기까지 공통적으로 갖고 있는 뇌이다.

이슬기 소장님과 함께하는 과학 이야기!

사춘기에 겪는 뇌의 큰 변화

과학 호기심 사춘기 뚜식이의 뇌는 공사 중!

첫 번째, 뇌 기능의 급격한 변화

뇌 기능의 급격한 변화는 전두엽에서 일어납니다. 전두엽은 외부에서 들어온 자극을 파악하여 어떻게 반응할지 조절하는 뇌의 한 영역인데, 이런 전두엽의 변화가 사춘기의 급격한 행동 변화를 불러오게 됩니다.

우리의 뇌는 에너지 효율을 높이기 위해서 자주 사용하는 뇌세포 연결망을 남겨 두고, 자주 사용하지 않는 연결망은 삭둑삭둑 끊어 버립니다. 이러한 과정을 '**신경 가지치기(synaptic pruning)**'라고 부르지요.

여자는 초등학교 4학년부터 중학교 2학년까지, 남자는 초등학교 5학년부터 고등학교 1학년까지 '신경 가지치기'를 겪게 되고, 그 결과 행동 조절이 마음대로 되지 않게 됩니다.

두 번째, 호르몬의 폭발적인 증가

김뚜식! 네가 내 피자 먹었지!!!

뇌의 가장 아랫부분에 위치한 '편도체'라는 기관은 불안이나 공포 등의 감정을 만들어 냅니다. 그런데 사춘기에 접어든 남자는 남성 호르몬인 **테스토스테론** 분비가 왕성해지면서 편도체가 자극받게 됩니다.

그래서 별 이유 없이 분노와 공포를 느끼게 되지요. 여자의 경우 역시 **에스트로겐** 분비량이 늘어나며 감정 변화가 롤러코스터를 탄 것처럼 변하게 된답니다.

너무너무 궁금해요!

따라서 **사춘기에 접어든 뇌는 불안정한 동시에 감정적으로 과도하게 예민해지는 것이지요.**

과학 호기심 뚜식이를 거칠게 만드는 호르몬들

사춘기에 들어선 뚜식이의 몸에 근육이 생기고 목소리가 변하면, 얼굴 표정도 변하게 됩니다. 그에 따라 다른 사람의 얼굴 표정을 해석하는 방식도 달라지게 되는데, 이건 모두 호르몬의 영향입니다.

호르몬이 하는 중요한 역할은 우리 뇌가 세상을 받아들이는 방식을 바꾸면 새로운 행동을 할 수 있도록 준비하는 일입니다.

사춘기 소년에게 영향을 주는 호르몬은 **테스토스테론**과 **바소프레신**입니다. 반면 **에스트로겐**과 **옥시토신**은 사춘기 소녀가 바라보는 세상을 바꿔 놓지요.

사춘기 뚜식이는 특별한 이유 없이 짜증과 화를 낼 수 있습니다. 호르몬의 영향으로 적대적으로 자기를 대하는 사람이 많다고 느끼기 때문이지요.

예민한 시기를 현명하게 극복하는 방법!
'**타임아웃**'을 시도해 보세요. 타임아웃이란 '욱' 하고 치밀어 오르는 감정이 느껴지면 바로 말이나 행동으로 표현하지 않고 1분 정도 심호흡을 한 뒤 표현하는 것입니다. 또는 스스로 감정을 정돈할 수 있도록 혼자만의 시간을 가져 보는 것도 좋지요.

이 세상에 나 혼자만 있는 것 같아!

게임도 그렇고 텔레비전도 그렇고 까짓것 누나한테 양보할 수 있다. 그런데, 먹는 거 가지고 이러는 건 정말 치사하다. 왜 우리 가족은 항상 누나가 먹고 싶다는 것만 챙겨 주는 걸까?

며칠 전에 내가 '피자 먹고 싶다.'고 말했을 때는, 아무도 안 사 줬다. 그런데 뚜순이 누나가 먹고 싶다는 말을 하자마자 아빠가 피자 두 판을 사 오시다니, 정말 너무하다. 내 편이라고 생각했던 할아버지마저 누나 편이었다니…….

꼬ㄹㄹㄹㄹ륵~~~

배에서 피자를 달라며 꼬르륵 시위를 하고 솔솔 풍겨 오는 피자 냄새에 침이 꼴깍 넘어가지만, 나는 절대로 절대로 저 피자를 먹지 않을 거다.

거실에서 웃음소리가 들린다. 우리 가족은 내가 없어도 엄청 행복하구나! 저기에는 내가 있을 자리가 없는 것 같다.

너무 외롭다.

언젠가 텔레비전에서 봤는데, 인간이 배고플 때 느끼는 감정과 외로울 때 느끼는 감정이 비슷하다고 하다. 지금 나는 배가 고파서 그런지 더 외롭고 우울하다.

우울함이 내 마음속 깊이깊이 파고 들어가는 것 같았다.

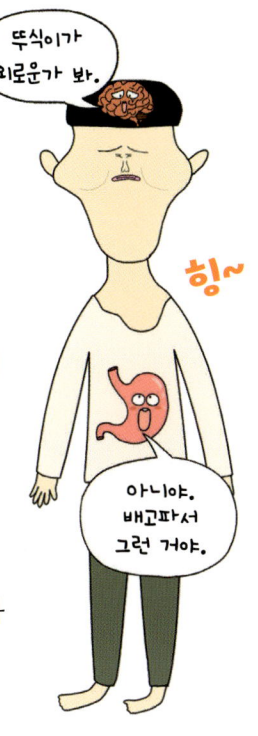

그때, 뚜순이 누나가 내 방에 와서 무언가 수상하다는 표정으로 물었다.

 김뚜식, 너 뭐 잘못한 거 있지?

 내가?

 뭐 잘못해 놓고 괜히 고민 있는 척 쇼하는 거지?

사실……, 예전에 그랬던 적이 있다.

하지만 문제는 김뚜순이었다! 친구들이 알려 준 <사춘기 작전>으로 위험한 순간을 넘길 수 있었는데, 김뚜순이 갑자기 나서서 탐정인 척 추리를 시작했기 때문이다.

음~, 범인은 이 안에 있어!

접시가 깨진 날 우리 가족 한 명 한 명이 무엇을 했는지 조사한 끝에 누나가 범인으로 지목한 사람은 바로 나. 결국 나는 범인임을 인정하고 말았다. 아, 또 있다…….

쳇! 하지만 이번에는 그런 게 아니다.

진짜 우울하다. 내가 이렇게 우울한데 아무도 신경 쓰지 않다니 너무하다. 나는 누나에게 퉁명스럽게 말했다.

 이번에는 그런 거 아니거든?

 그래? 정말 아무 일도 없단 말이지? 그렇다면 김뚜식은 **세로토닌**이 부족하다는 건데······.

 세로 뭐? 기분도 우울한데, 왜 어려운 말로 짜증 나게 하는 거야?

그러자 누나가 눈썹을 세우며 똑똑한 척 설명을 시작했다.

나도 속상하고 우울할 때 있어. 하지만 금방 툴툴 털고 일어나지. 그건 바로 회복력이 좋아서 그런 거야. 그게 다 세로토닌이 하는 일이래.

그런데 지금 나는 누나의 말에 위로가 하나도 되지 않고 기분만 더 나빠지는 건 왜일까?

그러게? 누나가 뼈가 되고 살이 되는 좋은 말을 해 주는데, 왜 기분이 나빠졌을까?

엄마, 아빠, 할아버지 모두 누나 편만 들어서 우울한데, 누나가 잘난 척까지 하니까 그런 게 아닐까?

흥!

엥?

나는 늘 어른들이 네 편만 든다고 생각했는데~! 내가 누나니까 항상 동생에게 양보하라고 하시거든. 내가 이 말을 얼마나 많이 듣는 줄 알아?

뭐? 어른들이 내 편을 들었다고? 헤헤, 괜스레 **기분이 좋아졌다.** 그래서 나도 모르게 입가에 웃음이 났다.

나는 내 방을 나가는 누나를 슬쩍 돌아봤다.

어? 내가 잘못 본 건가? 방금 누나가 가족들을 향해 브이(V) 표시를 하며 나간 거 같은데? 아닌가?

뚜순이 누나가 말한 '세로토닌'에 대해 찾아보았다. 몰라서 찾아본 건 아니다. 분명 어디선가 들어 봤던 단어인데, 생각이 나지 않았기 때문이다.

타닥타닥

인터넷에서 검색해 보았다.

세로토닌, 세로토닌!

세로토닌은 신경전달물질의 하나이며, 필수아미노산 중 하나인 트립토판에서 유도된다……? 윽, 무슨 말이지?

신경전달물질은 몸속 신경 세포에서 방출되어 주변의 신경 세포나……. @#%$!@#*&@#%$!@##%$!@$#

끙~. 점점 더 어려워졌다.

그런데 세로토닌을 '행복 호르몬'이라고 한다는 걸 알게 되었다.

> **신경전달물질**
> 몸속에서 신경 세포와 신경 세포 사이를 오가며 신호를 전달하는 물질로, 약 100 종류가 있다.

세로토닌
[serotonin]

세로토닌(serotonin)은 신경전달물질의 하나이며, 필수아미노산 중 하나인 트립토판에서 유도된다. 신경전달물질은 몸속 신경 세포에서 방출되어 주변의 신경 세포나 근육에 정보를 전달하는 물질이고, 트립토판은 사람의 성장에 필요한 영양이 되는 아미노산의 하나이다. 세로토닌은 행복을 느끼는 데에 도움을 준다고 한다. 그래서 세로토닌이 부족하면 우울증, 무기력증 등이 생길 수 있고 세로토닌이 충분하면 행복감과 안정감을 느낀다. 그래서 세로토닌을 '**행복 호르몬**'이라고 부르기도 한다.

타닥 타닥

세로토닌? 신경전달물질? 필수아미노산? 윽, 이게 다 무슨 소리야.

오~, 행복과 관련된 물질이구나? 그렇다면 나도 세로토닌 부자가 돼야겠다!

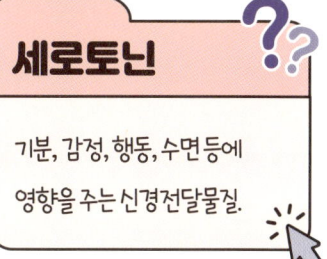

세로토닌

기분, 감정, 행동, 수면 등에 영향을 주는 신경전달물질.

세로토닌에 대해 열심히 찾아보다가 잠시 쉬기 위해 편의점에 가려고 나왔다. 그런데 저쪽에서 익숙한 목소리가 들렸다.

뚜순이 누나가 친구들과 수다를 떨며 걸어오고 있었다.

 누나들, 안녕하세요.

 뚜식이 안녕!

 서연이 누나, 어디 다녀오시나요?

나는 서연이 누나를 콕 집어 물었다.

 떡볶이 먹고 오는 길이야. 전에 거기서 우연히 원룸소년단 오빠들 만났던 얘기하고 있었어~.

 맞아. 왕덕진 오빠가 김밥을 사러 왔었어. 조금 있다가 다른 멤버들도 와서 우리 다 같이 맛있는 거 먹었잖아.

지후 누나가 여전히 꿈을 꾸는 듯한 표정으로 말했다.

 김뚜식, 넌 어디 가냐?

 세로토닌에 대해 공부하다가 편의점에······.

뚜순이 누나는 내 대답을 다 듣지도 않고 친구들과 다시 이야기를 시작했다.

뚜식이의 진지한 실험 일지

방법1 스트레스 줄이기

스트레스를 오랫동안 받게 되면 세로토닌이 줄어든다고 한다. 그래서 나는 세로토닌이 줄어들지 않기 위해 스트레스를 받을 때마다 엄청 매운 떡볶이를 먹었다. 근데 스트레스는 풀렸지만 배가……. 아무튼! **평소 스트레스를 많이 받지 않기 위해 노력해야 하고, 스트레스를 해소할 수 있는 자신만의 좋은 방법을 찾는 것이 중요**하다는 걸 깨달았다.

방법2 충분한 빛 쬐기

빛을 받으면 세로토닌이 늘어난다고 한다. 그래서 겨울보다 여름에 세로토닌 수치가 훨씬 높다고 알려져 있다. 또한 어두운 곳보다는 밝은 곳에 있을 때 기분이 좋은 것도 세로토닌과 관련이 있다고 한다. 인공적인 빛보다는 햇빛을 받는 것이 좋으므로, **햇빛이 있는 낮에 충분히 햇빛을 쬐는 게 좋다.**

잘생긴 얼굴을 보호하기 위해 선크림은 필수!

실험 날짜	8월 9일~8월 16일	참가자	김뚜식
실험 주제	세로토닌을 늘리는 방법		

방법3 　규칙적으로 운동하기

영국의 한 연구에 의하면, 세로토닌은 익숙한 운동을 할 때 지속적으로 분비된다고 한다. **운동을 규칙적으로 하는 것이 가장 좋지만, 만약 규칙적으로 할 시간이 없다면 매일 30분에서 1시간 정도 걷는 것도 좋다.**

방법4 　행복했던 기억 떠올리기

행복했던 기억을 떠올리면 일시적이지만, 세로토닌이 빠르게 분비되는 효과가 있다고 한다. 그래서 나는 서연이 누나가 나에게 말을 걸어 주던 순간순간들을 떠올렸다. "뚜식아, 안녕?" "뚜식아, 잘 있었어?" 음~, 행복했던 기억을 떠올리는 것만으로도 이렇게 다시 행복할 수 있다니! 나는야, 세로토닌 부자!

네 번째 일기

심심해!

너무 심심해!

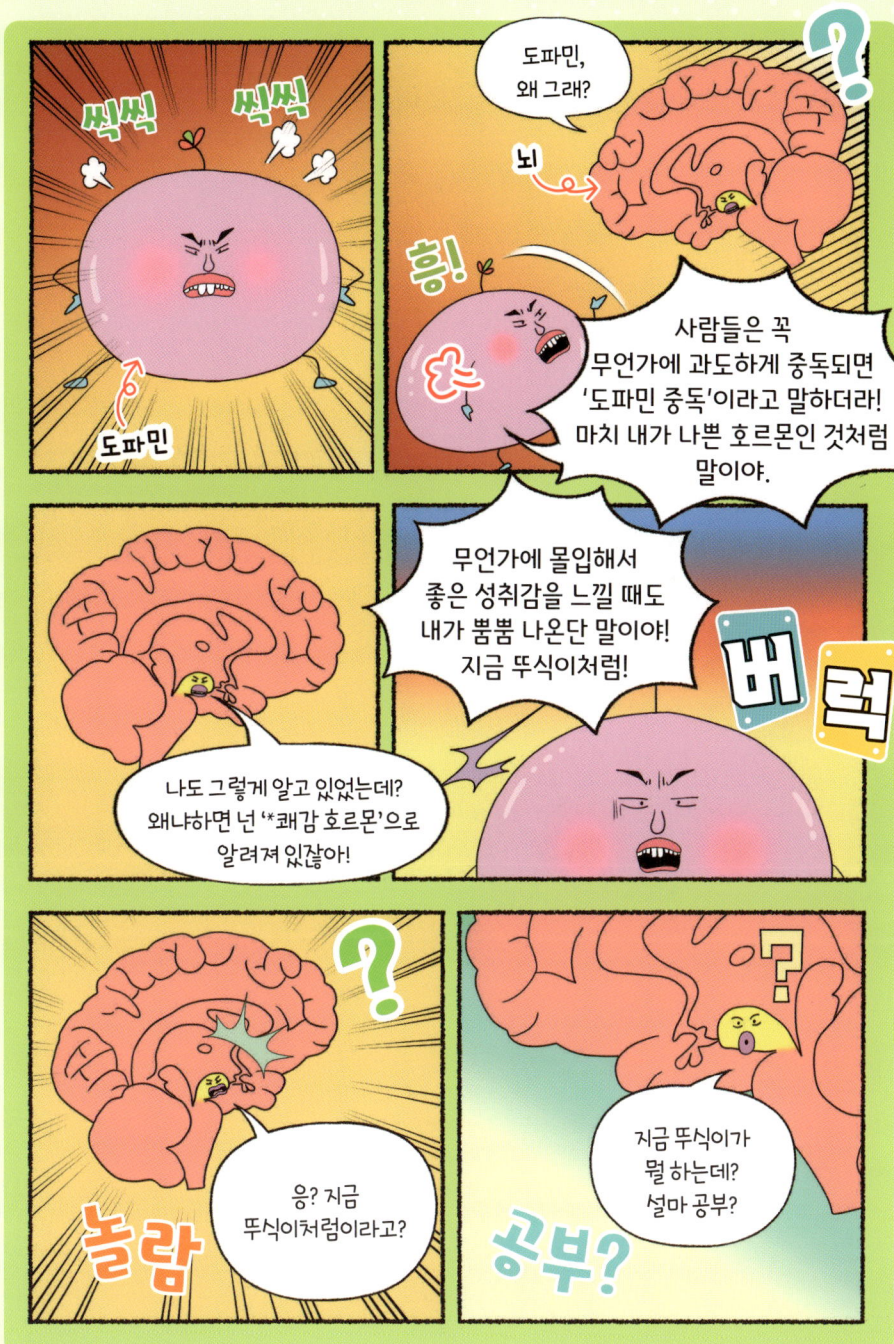

*쾌감: 상쾌하고 즐거운 느낌.

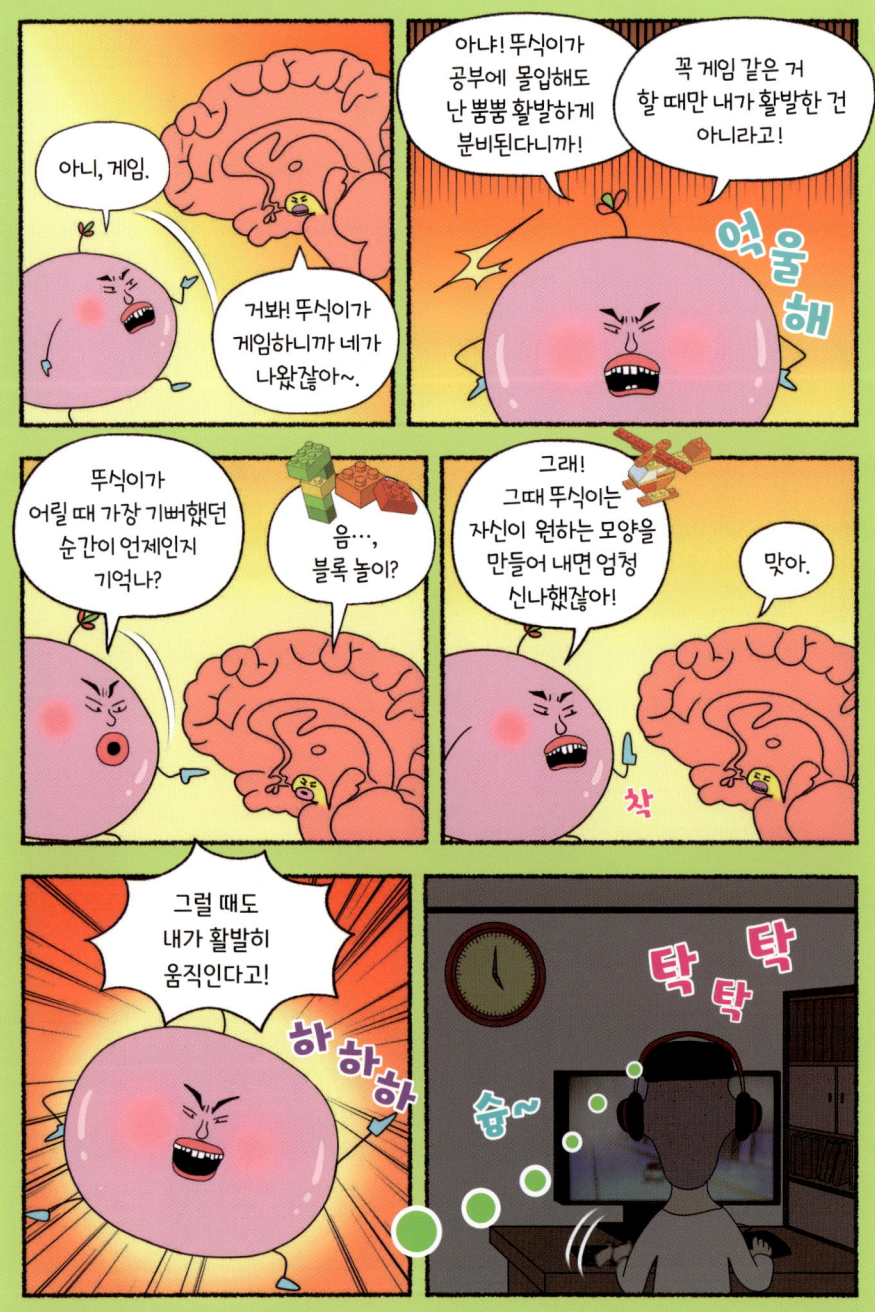

톡톡. 한창 게임을 하고 있는데, 누군가 내 어깨를 두드렸다.

헉~! 엄만가?

나는 화들짝 놀라 머리에 쓰고 있던 헤드폰을 뺐다.

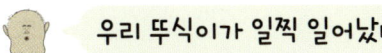
우리 뚜식이가 일찍 일어났네?

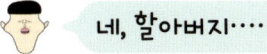
네, 할아버지……

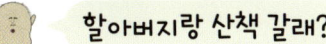
할아버지랑 산책 갈래?

'앗~, 이럴 수가!'
슬쩍 시계를 보니 새벽 5시!   5시!?

게임을 시작한 지 한 시간도 안 된 것 같은데, 밤을 꼴딱 새웠다. 게임을 하면 왜 이렇게 시간이 빨리 지나가는지 모르겠다. 나는 게임을 더 하고 싶었지만, 완전 범죄를 위해 할아버지를 따라나섰다. 그래야 새벽 일찍 일어나서 게임을 시작한 게 될 테니까! 헤헤.

도파민

쾌감을 부르는 신경전달물질. 칭찬을 받거나, 게임에서 이기면 도파민이 분비되어 짜릿함을 느끼게 된다. 하지만 도파민이 지나치게 많이 나오면 중독에 빠지거나 행동 절제가 어려워지는 문제가 생길 수 있다.

아침을 먹고 할아버지가 조용히 나를 부르셨다.

 공부하느라 힘든 우리 뚜식이에게 내일은 할아버지가 멋진 하루를 만들어 주고 싶은데, 어떠니? 엄마에게 말해 두었으니 내일은 학원 안 가도 된다.

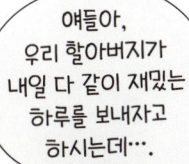

 정말요?

 그래, 친구들도 초대해~.

 그럼 봉대랑 동만이, 마이클까지 다 불러도 돼요?

나는 친구들에게 연락해서 이 소식을 알렸다.

 할아버지가 우리 방학이라고 특별히 신경 쓰신 거니까 재미없더라도 너희 티 내면 안 돼~!

할아버지는 우리를 국악 공연이나 민속박물관에 데려가시겠지?

다음 날, 할아버지와 함께 두식거리로 갔다. 방학이라 그런지 사람들이 정말 많았다.

 할아버지! 사람이 너무 많아서 복잡한데 괜찮으세요?

나는 할아버지가 **걱정되었다.**

 괜찮아, 괜찮아! 사람들이 이 정도는 모여야 ***핫플**이지. 더우니까 시원한 거 마시자.

우리는 시원한 카페에 들어갔다.

 카페인이 들어간 음료를 마시면 밤에 푹 못 자니까 너희 음료는 과일 에이드로 사 왔어.

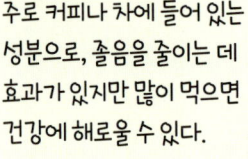

카페인

주로 커피나 차에 들어 있는 성분으로, 졸음을 줄이는 데 효과가 있지만 많이 먹으면 건강에 해로울 수 있다.

 *핫플: 핫플레이스(Hot Place)의 줄임말. 사람이 많이 모인 번화가.

"와~! 할아버지! 저희가 진짜 좋아하는 음료예요. 할아버지 진짜 최고예요!"

친구들은 진심으로 감탄하며 할아버지를 향해 엄지를 척 들어 올렸다.

 너희랑 오려고 미리 공부 좀 했지.

나는 할아버지가 들고 계신 커다란 잔이 눈에 들어왔다.

 근데 할아버지는 뭐 드세요? 엄청 크네요?

 난 아이스돌체라떼, 벤티 사이즈!

 그, 그런 것도 드세요?

할아버지는 호로록 소리를 내며 맛있게 드셨다.

카페에서 나와 할아버지가 우리를 데리고 가신 곳은 방탈출 카페였다.

 할아버지, 방탈출 카페도 아세요?

 알아보니까, 여기가 너희한테 인기라고 하던데?

아직 하나가 남았단다.
짠~, 원룸소년단 콘서트 티켓!
주말에 가서 스트레스 풀고 오렴.
특별히 '스탠딩석'으로 준비했다.
무대 바로 앞에 서서 관람하는 자리 알지?

 아! 뚜순이랑 뚜순이 친구들도 함께 갈 거야.

서연이 누나와 함께 콘서트에 가게 되다니 꿈만 같다.
친구들도 좋아하며 몇 번이나 할아버지께
감사의 인사를 드렸다. 할아버지와
함께 집으로
돌아오는데,
좋은 말씀도
해 주셨다.

뚜식아,
사춘기의 뇌는 충동적이어서
자극적이고 *시각적인 걸
좋아한다더구나.

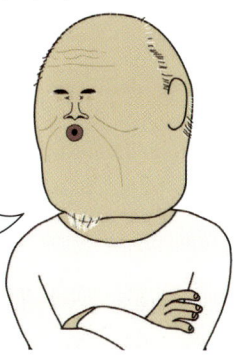

*시각적: 눈으로 보는 것.

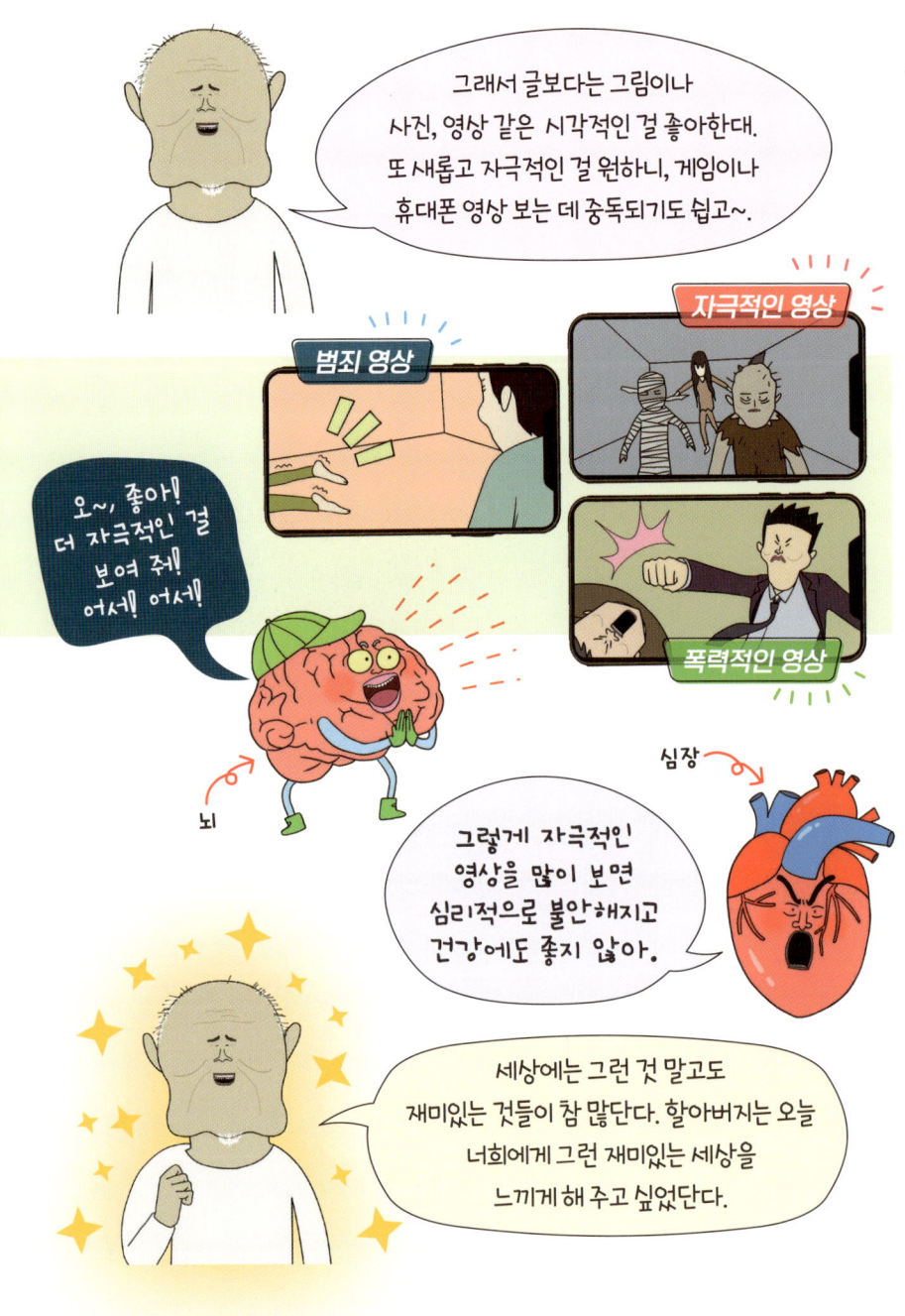

맞아요, 게임보다 훨씬 재미있는 하루였어요.

할아버지는 빙그레 웃으면서 말씀하셨다.

 심심한 게 꼭 나쁜 것만은 아니야. 심심한 시간은 뇌가 똑똑해지는 시간이라는 말도 있으니, 가끔은 게임 말고 심심함을 즐겨 보렴.

 네! 좋아요!

할아버지 덕분에 이번 방학에는 정말 멋진 시간을 보낼 수 있을 것 같다.

뚜식이의 진지한 실험 일지

우리 할아버지가 **심심한 시간**은 **뇌가 똑똑해지는 시간**이라고 하셨다. 그래서 심심한 시간을 보낸 후 우리의 뇌가 얼마나 똑똑해졌는지 알아보기 위해 먼저 '멍때리기 대회'를 개최했다.

📣 멍때리기 시~작~!

실험 날짜	8월 24일	참가자	김뚜식, 김뚜순, 그리고 친구들
실험 주제	멍때리기 대회 1등은?		
실험 방법	1. 90분 동안 아무 말도 하지 않고 아무것도 하지 않는다. 2. 15분마다 심박수(심장이 뛰는 횟수)를 측정한다. 3. 가장 안정적인 심박수를 유지한 사람을 1등으로 선정한다.		

실험은 실패하고 말았다.

90분 동안 아무 말도 하지 않고 조용히 있는 사람이 한 명도 없었기 때문이다. 결국 우리의 멍때리기 대회는 대회가 끝나면 무엇을 먹을지에 대한 토론으로 이어지고 말았다. 우리는 뇌가 심심할 틈이 없었기 때문에 얼마나 똑똑해졌는지 확인할 수도 없었다. 이런……

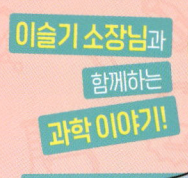 

사춘기, 게임이 너무너무 재미있는 이유

이슬기 소장님과 함께하는 과학 이야기!

과학 호기심: 남자의 뇌는 사냥꾼의 뇌라고?

남자 친구들은 왜 이렇게 **1인칭 슈팅 게임** (FPS: First Person Shooter)에 열광하는 걸까요?

진화 심리학에 따르면 남자는 **사냥꾼의 뇌**를 가졌기 때문에, 대상을 탐색하고 조준하고 사냥하는 과정에서 본능적으로 쾌감을 느낀다고 합니다.

사냥을 할 때는 강인한 신체 능력도 필요하지만 대담함, 무모함과 같은 심리적 요인도 강하게 반영됩니다. 이런 요인들을 갖추고, 덩치 큰 맹수와의 싸움에서 이겨 사냥에 성공했던 원시 시대 남성들은 막강한 사회적 권력을 가질 수 있었지요.

진화 심리학자들은 이런 결과로 인해 남자들이 **위험하거나 대담한 행동을 과시하는 성향**을 갖게 되었을 것으로 이야기합니다.

따라서 사춘기 남자 친구들 사이에서 종종 볼 수 있는 무모한 행동은 수십만 년에 걸친 **진화의 결과**라고 할 수 있지요. 이러한 **사냥꾼 본능이 1인칭 슈팅 게임이라는 현대적 환경을 만나 더욱 강화된 것**입니다.

앗! 알고 싶어요!

과학 호기심 | 우리가 슈팅 게임에 집착하는 이유

슈팅 게임에 집착하는 심리에는 두 가지 요인이 작용합니다.
하나는 앞서 이야기한 것과 같이, 사냥꾼의 뇌를 가졌기 때문입니다. 1인칭 슈팅 게임을 하며 온몸이 짜릿하게 긴장되는 상황을 이겨 내는 과정에서 분비된 **테스토스테론**과 **코르티솔**이 끊임없이 뇌를 자극하는 것이지요.
다른 하나는 사춘기에서만 나타나는 **또래 집단과의 동질감과 공통점을 찾는 성향** 때문입니다. 친구들과 함께 게임을 하며 동질감을 확인하는 과정에서 소속감과 자아 정체감을 찾는 것이지요.

그렇다면, 어떻게 해야 좋을까요?

사냥꾼의 뇌라는 특성을 살려서 사춘기에 맞는 신체 활동으로 관심사를 바꿔 보는 것이 좋습니다. 사격이나 펜싱, 검도와 같이 사냥에 대한 욕구를 충족시키는 활동이나 축구, 야구와 같은 단체 스포츠가 좋지요. 그 과정에서 내재된 **공격 본능을 제어**하는 법을 배우고, 신체 활동을 통해 **기분을 나아지게** 할 수 있답니다.

174쪽 〈나의 게임 습관 테스트〉를 해 봐!

이슬기 소장님과 함께하는 과학 이야기!

사춘기의 뇌가 게을러지는 이유

 사춘기 뚜식이의 뇌는 더 자고 싶고 더 놀고 싶어!

11~12세 무렵이 되면 뇌에 있는 수면 시계가 변하기 시작합니다. 호르몬 변화가 생체 시계를 재설정해서 밤늦게까지 깨어 있고 아침에는 늦게 일어나도록 만드는 것이지요.

매일 아침 일찍 학교에 가야하는 건 정말 힘든 일입니다. 게다가 **'도대체 내가 왜 열심히 학교를 다녀야 하지?'** 라는 생각에 기운이 빠지기도 하고, 공부를 해야 할 동기 부여도 제대로 되지 않아 더 힘이 들지요. 사실 초등학교 1, 2학년 때는 그런 생각 자체를 하지 않았으면서 말이에요.

뇌과학자들은 사춘기의 뇌에 있는 쾌락 *중추가 어른들과 비교해 보았을 때 거의 마비 수준이라는 점을 발견했습니다. 즉, 일상생활에서 일어나는 **평범한 일에서는 보상을 받는다고 느끼기 어렵다**는 뜻이지요.

미국 국립정신보건 연구소의 에린 맥클러(Erin McClure) 연구진은 끔찍하고 충격적인 사진을 보고 있는 십 대 청소년의 뇌를 스캔해 본 결과, **같은 사진을 본 어린이나 성인의 뇌만큼 활성화되지 않은 것을 발견**했습니다.

사춘기의 뇌를 활성화시키려면 훨씬 더 강력한 공포나 충격을 주어야 한다는 것입니다.

*중추: 신경 기관 가운데, 신경 세포가 모여 있는 부분.

앗! 알고 싶어요!

강렬한 자극이 오지 않는 이상 감정의 동요가 크게 일어나지 않기 때문에 이 시기에는 **자극적인 행동이나 거친 놀이에 열광하는 것**이지요.

또, 사춘기의 뇌세포는 성인에 비해 더욱 민감하게 활성화되기 때문에 **언제든지 자극을 추구하는 심한 행동**을 할 수 있습니다. 다른 말로 하면, 자극적인 것에 중독되기 쉬운 상태가 된다는 말이지요. 그래서 게임을 아무리 해도 질리지 않고 계속 놀고 싶은 생각이 간절해집니다. 특히 부모님 몰래 하는 게임의 달콤함은 사춘기의 뇌를 더욱 자극합니다.

과학 호기심: 사춘기의 뇌를 건강하게 하려면?

사춘기의 뇌를 건강하게 관리하기 위해서는 **규칙적인 운동**이 중요합니다. 특히 아침에 일어나서 받게 되는 햇살이 중요하지요. 아침 햇살을 받으면 **멜라토닌**이라는 호르몬이 분비되고 뇌의 생체 리듬이 규칙적으로 만들어지기 때문입니다. 뇌의 건강을 위해 아침 햇살을 받으며 가볍게 체조를 해 보는 건 어떨까요?

다섯 번째 일기

가짜 친구 VS 진짜 친구

 운동을 하러 나왔다가 길에서 우연히 뚜순이의 동생 뚜식이를 보게 됐다. 뚜식이는 시무룩한 표정으로 어떤 아저씨한테 혼이 나고 있었다. 카페 앞에 깨진 화분들을 보니, 뚜식이가 실수로 화분을 깬 모양이다.

 뚜식아!

뚜식이는 나를 보자 고개를 푹 숙였다. 옆에 있던 아저씨가 나를 보더니 큰 소리로 물었다.

 네, 제 친구 동생이에요.

 그럼, 그 친구한테 연락해서 부모님 좀 오시라고 해!

그러니까, 당장 그 친구들 부르라고! 그 친구들 감싸 주느라 말 안 할 거면 네가 대표로 물어내!

나는 용기를 내서 아저씨께 말했다.

 아저씨, 뚜식이가 그런 게 아니라잖아요. 진짜 범인을 찾으셔야지, 범인도 아닌 사람을 이렇게 몰아세우시면 어떡해요.

그러자 아저씨는 더 화를 내시며 나에게 말했다.

아니, 학생! 피해자는 난데, 지금 나한테 따지는 거야? 이렇게 화분을 망가트리고 도망간 게 한두 번인 줄 알아?

그럼, 뚜식이는요? 뚜식이도 범인으로 오해받은 피해자라고요. 범인을 잡으시려면 경찰에 신고해서 근처 CCTV를 찾아 확인해 보시든지 해야죠!

그러자, 아저씨는 잠시 멈칫하더니 멋쩍은 듯 머리를 긁적이셨다.

쳇, 내가 증거를 찾아서 꼭 범인을 잡아야지!

그러고는 카페 안으로 휙 들어가셨다.

 뚜식아, 그 친구들이랑은 친한 사이야?

그러자 뚜식이는 곰곰이 생각했다.

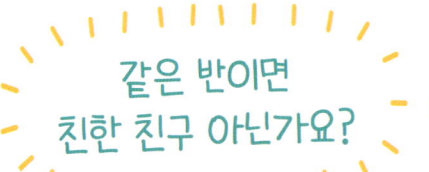

같은 반이면
친한 친구 아닌가요?

 네가 돈을 빌려줬는데 안 갚는다며…….
혹시 뚜식이를 괴롭히는 건 아닌가 해서 말이야.

뚜식이는 또 잠시 생각했다.

 용돈이 부족하다면서 몇 번 돈을 빌려 갔는데,
한 번도 안 갚았어요. 돈 빌릴 때 빼고는 저랑 말도
잘 안 하는 애긴 해요.

나는 뚜식이의 말을 듣고 옛날 일이 떠올랐다.

나는 항상 친구가 없었다.

그리고 같은 학교 아이들이 괴롭혀서 세 번이나 전학을 가야 했다. 세 번째 전학을 가게 됐을 때, 나는 결심했다.

이번에는 절대로 무시당하지 말아야지!

내가 선택한 방법은 애들 앞에서 **센 척**을 하는 거였다.

그러던 어느 날이었다.

옆 반의 어떤 애가 우리 반 애(서연이)한테 수학 교과서를 빌리러 왔다. 그때도 나는 앞에 앉은 애한테 빵 심부름을 부탁하고 있었다. 그러다 그 옆 반 애와 눈이 마주쳤다.

옆 반 애는 아무 말 없이 자기 반으로 돌아갔다.

봤지? 이젠 아무도 날 괴롭히지 못해!

그때까지도 나는 알지 못했다. 그 아이가 학교 선배들도 무서워한다는 김뚜순이라는 걸!

시간이 흐를수록 반 애들은 나를 슬슬 피하며 무서워했다. 내가 선택한 방법이 성공했다고 생각하던 어느 날이었다. 그날도 나는 어김없이 앞에 앉은 애한테 시비를 걸고 있었다.

뚜벅뚜벅 뚜벅뚜벅

나에게 조용히 다가온 김뚜순은 교실 밖으로 나를 불러냈다.

순간 나는 속마음을 들킨 것 같아 너무 창피했다. 그래서 홱 돌아서서 교실로 들어와 버렸다. 그리고 그날 밤 나는 한참 동안 잠을 이루지 못했다.

며칠 뒤, 나는 우리 반 아이들에게 빌렸던 물건과 돈을 돌려주고 사과도 했다. 뚜순이는 그런 나에게 다가와서 친구라고 불러 주었다. 그 옆에는 서연이도 있었다.

뚜순이와 서연이는 단짝 친구면서도 그 사이에 나를 끼워 주었다. 나는 고맙다는 인사를 했다.

그 뒤로 나는 내가 좋아하는 민초 불고기버거를 함께 먹으며 원룸소년단 노래를 함께 부를 수 있는 친구들이 생겼다. 믿을 수 없게도 나의 하루하루가 행복했다.

뚜식아, 나도 한때는 친구라고 생각했던 아이들에게 괴롭힘과 따돌림을 당해서 많이 힘들었어.
그런데 뚜순이랑 서연이를 만나고 깨달았지. 진짜 친구는 나를 곤란한 상황에 빠트리지 않는다는 걸 말이야. 만약 내가 그런 상황에 빠지게 되면 도움을 주고 응원을 해 주는 게 진짜 친구야.

가짜 친구 VS 진짜 친구

뚜식아, 이름만 친구인 가짜 친구들 때문에 힘들어하지 마.
우리 나이에는 친구와의 관계가 매우 중요하게 느껴진대. 그래서 친구들이 나쁜 행동을 하자고 했을 때 잘못된 행동인 걸 알면서도 거절을 못 하는 거래. 친구와의 사이가 안 좋아지는 게 두려운 거지. 하지만, 진짜 친구라면 너에게 나쁜 행동을 권하거나 너를 잘못된 상황에 빠트리지 않을 거야.

> 가짜 친구, 진짜 친구. 너무 어렵다.

뚜식이와 이야기를 하며 걷다 보니, 어느새 뚜식이네 집 앞에 도착했다. **뚜순이**가 나와 있었다. 아까 내 연락을 받고 **뚜식이가 걱정**되었나 보다.

"지후야, 고마워."

 고맙긴~. 뚜식이가 많이 놀랐을 거야. 우리 나중에 다 같이 떡볶이 먹으러 가자.

 그래, 알았어!

✅ 진짜 친구 테스트

다음 중 **4개 이상** 해당되면, 너에게 진정한 친구일 거야.

- ☐ 나에게 도움 되는 조언이나 격려를 해 주며 항상 응원해 준다.
- ☐ 나에게 좋은 일이 생기면, 질투하지 않고 진심으로 축하해 준다.
- ☐ 나에게 힘든 일이 생기면, 따뜻하게 위로해 준다.
- ☐ 서로 솔직하게 이야기를 나눌 수 있다.
- ☐ 다툼이 생겼을 때는 서로의 입장을 이해하고 화해를 위해 노력한다.
- ☐ 함께 있으면 마음이 편안하고 즐겁다.

나는 집으로 돌아오면서 다시 한번 뚜순이와 서연이에게 고마움을 느꼈다.

**친구,
가깝게 오래 사귄 사람!**

나는 내 곁을 지켜 준 뚜순이, 서연이랑 오래오래 멋진 우정을 만들어 나갈 거다! 그리고 나도 내 친구들에게 진짜 좋은 친구가 될 거다.

♥얘들아, 우리 우정 영원하자!♥

★ 좋은 친구가 되려면?

1. 호감 가는 친구가 있다면, 먼저 다가가 말을 건다.
2. 친구의 좋은 점을 칭찬해 주고, 친구의 비밀은 꼭 지켜 준다.
3. 친구가 도움이 필요하면, 보상을 바라지 않고 순수한 마음으로 도와준다.
4. 내가 좋아하는 친구가 나보다 다른 친구를 더 좋아할 수 있음을 이해하고 받아들인다.
5. 친구 사이에서 오해가 생겼을 때는 대화를 통해 빠른 시일 내 해결할 수 있도록 노력한다.

뚜식이의 알쏭달쏭 퀴즈

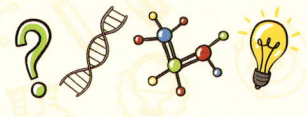

퀴즈 친구들과 우정을 나눌 때 나오는 호르몬이 <u>아닌</u> 것은?

1. 세로토닌

2. 코르티솔

3. 도파민

4. 옥시토신

정답

2. 코르티솔

코르티솔은 잠이 부족하거나 스트레스를 받으면 분비되는 호르몬이다. 친구들과 신나게 수다를 떨며 길을 걸으면 **세로토닌**이 분비되고, 친구들과 놀이공원에서 짜릿한 놀이기구를 타면 **도파민**이 분비된다. 또 집에서 친구들과 깨톡으로 재미있는 이야기를 나누면 **옥시토신**이 분비되어 마음이 평온해지고 친밀감이 생긴다.

여섯 번째 일기

게으른 건
다
뇌 탓이야!

어떨 때는 도둑한테 쫓기는 꿈, 또 어떨 때는 낭떠러지에서 떨어지는 꿈, 가끔은 계단에서 굴러떨어지는 꿈도 꾼다니까요.

 허허, 우리 뚜식이가 확실히 성장기인가 보다.
 맞아, 맞아! 전부 키 크는 꿈이네!
 정말요?

학교에 가서 친구들에게 물어보니 친구들도 비슷한 꿈을 자주 꾼다고 했다.

 꿈 때문에 아침마다 너무 피곤해.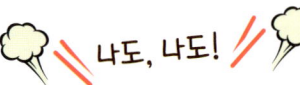

저마다 아침에 일어나는 게 너무 힘들다며 투덜댔다. 그때 우리 반 우등생, 민수가 책에서 읽은 거라며 우리의 적정한 **수면 시간**에 대해 이야기해 주었다.

오호~, 집에 가서 엄마한테 꼭 말씀드려야지!

완전 망했다.

엄마에게 말씀드려서 잠자는 시간을 늘리고 공부 시간을 줄여 보려고 했는데, 오히려 게임 시간만 줄었다.

아까 학교에서 우리 반 민수가, 사춘기는 잠이 쏟아지는 시기라고 했다. 빠르게 성장하느라 어른에 비해 에너지가 많이 필요하기 때문에 그만큼 잠도 많이 자야 한다는 거다.

오~, 좋은 말이야.

하지만 밤이 되면 나는 자고 싶지 않다. 게임 조금 하고(많이 할 때도 있지만) 친구들과 깨톡을 몇 번 주고받으면, 어느새 자야 할 시간이다. 하지만 내 눈은 말똥말똥~.

일찍 자라는 엄마의 잔소리를 들을 때마다 늦은 시간까지 깨어 있어도 되는 어른들이 너무 부럽다. 늦게 자면 어른들은 왜 화를 내는 걸까?

아! 늦게 자면서 칭찬을 받는 방법도 있긴 하다. 공부를 하면 된다.

'건강에 나쁘다.', '키 안 큰다.', '내일 학교 안 갈 거냐!' 등 잔소리를 하던 어른들도 늦게까지 공부를 하고 있으면 갑자기 친절하게 변신한다. 심지어 배가 고프지 않냐며 야식도 가져다주신다.

하지만 나는 밤늦게까지 공부할 수 없다. 책은 나에게 수면제이기 때문이다.

어제도 이런저런 생각을 하다 12시가 넘어 잠이 들었다. 아침에 엄마가 깨우는 소리에 겨우 일어나서 학교에 갔다.

 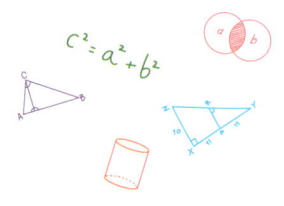 

윽, 수학 시간이다.

수학 선생님은 활기찬 모습으로 열정을 다해 수학 문제를 설명하셨다. $(x+y)^2-(x-y)^2$

하지만 나는 아직도 머리가 멍하다. 잠이 덜 깨서 멍한 걸까, 수학 문제가 어려워서 멍한 걸까?

이제야 잠이 깬 거 같아서 공부할 의욕이 조금 생겼다.

하지만 영어……, 게다가 담임 선생님 수업이다. 선생님은 교실을 한번 둘러보시더니, 한숨을 쉬셨다.

뇌요?

나는 수업과 관련 없는 이야기가 나오자 귀를 쫑긋 세웠다. 선생님은 뇌에서 **멜라토닌**이라는 호르몬이 분비되면 졸음이 오는 거라고 하셨다.

너희 같은 사춘기 때는 **멜라토닌**이 이전보다 몇 시간 늦게 분비가 돼. 그래서 잠을 자는 시간이 늦어지고, 잠을 늦게 잤으니 아침에 일어나는 것도 힘든 거지.

아~, 움직이기 싫어~. 이따 움직일래!

너! 멜라토닌이지!

헉, 어떻게 알았지?

그래도 멜라토닌이 분비되는 밤 9시부터 11시 사이에는 잠을 자려고 노력해야 해. 멜라토닌이 충분히 분비되어야 우리 몸에서 스트레스를 이길 수 있는 *저항력이 생기거든.

*저항력: 질병이나 병원균 따위를 견뎌 내는 힘.

오호, 내가 밤에 잠을 늦게 자는 건 다 뇌 때문이었구나!

근데 얘들아, 지금 시간은 우리 뇌가 잠에서 완전히 깰 시간이야. 그러니 집중해서 공부해야겠지?

앗! 우리의 힘듦을 위로해 주시려고 하신 말씀인 줄 알았는데, 결론은 집중해서 공부하라는 말씀이셨잖아?

선생님! 그럼 저희는 하루에 얼마나 자는 게 좋을까요?

한창 성장 중인 청소년기에는 하루 6~7시간 이상 잠을 자야 해. 그리고 공부를 잘하고 싶다면, 밤을 새우며 공부하기보다는 충분히 잠을 자는 걸 추천할게. 너희가 잠을 자는 시간에 뇌는 하루 동안 학습된 내용을 정리하는데, 뇌에게 이런 시간을 주지 않으면 학습 능력이 떨어질 수 있거든.

또, 선생님은 공부할 때 졸리다고 *각성제가 들어간 음료를 마시는 건 좋지 않다고 하셨다.

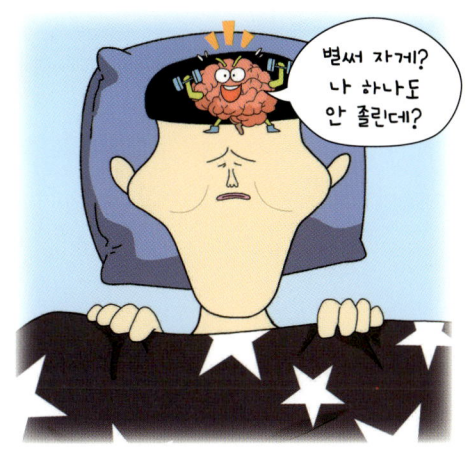

그런 음료를 마시면 잠을 자야 하는 시간에 우리 뇌가 푹 쉴 수 없다고 한다. 나도 다음 시험 기간에는 에너지 음료를 마셔 볼까 했는데, 선생님의 말씀을 듣고 나니 안 마셔야겠다. 나는 하루 종일 공부하느라 힘들었을 나의 뇌를 오늘 저녁에는 일찍 쉬게 해 주어야겠다고 다짐했다.

집에 와서 엄마에게 오늘 나의 다짐을 말씀드렸다.

 근데 뚜식아, 네 뇌가 하루 종일 공부하느라 힘든 건 맞니?

 ……

나는 엄마의 말을 듣지 못했다.
진짜로.

*각성제: 잠이 오는 것을 억제하고 피로를 느끼지 못하게 하는 약.

뚜식이의 진지한 실험 일지

실험1 맛있는 음식 많이 먹고 자기

자기 전에 내가 좋아하는 고기를 잔뜩 먹고 포만감을 느끼며 행복한 기분으로 잠자리에 든다.

실험1의 결과

배가 불러 스르륵 잠이 들었지만, 다음 날 아침에 너무 피곤했다. 내가 자는 동안 내 몸은 배 속의 고기를 소화시키느라 밤새도록 일을 했기 때문에 숙면을 취하지 못한 거다.

실험2 공포 영화 보고 자기

무서운 공포 영화를 보고 바로 잠자리에 든다.

실험2의 결과

헉, 무서운 장면이 계속 생각나서 뜬눈으로 밤을 새우고 말았다.

실험 날짜	9월 3일~9월 13일	참가자	김뚜식
실험 주제	숙면하는 방법		

실험3 격렬한 운동하고 자기

자기 전 빠르게 달리거나 축구 같은 격렬한 운동을 해서 몸을 최대한 지치게 한 후 잠자리에 든다.

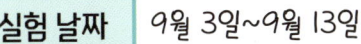

실험3의 결과

몸이 매우 피곤했지만 이상하게 잠이 오지 않았다. 조사해 보니, 자기 전에 너무 격렬한 운동을 하면 오히려 잠을 쫓게 된다고 한다. 숙면을 하고 싶다면 자기 전에는 산책이나 스트레칭, 요가 같은 가벼운 운동이 좋다고 한다. **실패!**

실험4 미지근한 물로 샤워하고 자기

잠자리에 들기 전 미지근한 물로 샤워하고, 잠들기 한 시간 전부터는 TV나 휴대폰을 보지 않는다.

실험4의 결과

잠자리에 들기 전 미지근한 물로 샤워를 하니까 몸에 긴장이 풀리면서 마음도 편안해졌다. 그리고 TV나 휴대폰을 멀리하니까 금방 잠에 빠졌다. 그래서 이 방법을 일주일 동안 실천해 보니 숙면을 할 수 있었다. **성공!**

이슬기 소장님과 함께하는 과학 이야기!

사춘기에 숨겨진 비밀

사춘기 뚜식이의 말에 숨겨진 비밀 코드

"쟤는 나랑 개그 코드가 잘 맞아."라는 말을 할 때, 여기서 **'코드(code)'** 는 '암호'를 뜻합니다. 암호는 그 의미를 알고 있는 사람들 사이에서만 은밀하게 통하는 것인데, 그런 의미에서 **사춘기 청소년에게 누군가와 '코드가 통한다.'는 것은 무엇보다 중요**합니다.

그래서 이 시기에 또래 집단이 매우 중요한 것이지요. 청소년기 심리 발달 연구에 의하면 십 대 초·중반이 되면서 **또래 집단의 목표를 중요하게 생각하고 집단의 기준에 맞게 행동**하기 위해 노력하며, 그렇지 않은 친구를 비판하게 된다고 합니다.

무슨 옷을 입고 어떤 음악을 듣는지에 따라 **소속감**을 느끼게 되고, 나랑 함께 다니는 친구들이 최고라는 생각에 사로잡히게 됩니다. 그러면 주변 사람들의 조언을 제대로 듣지 못하는 상황에 처하기도 하지요.

그래서 사춘기를 어떻게 보내느냐에 따라 나쁜 행동에 물들기도 하고, 친구를 괴롭히거나 따돌리는 상황을 만드는 경우가 생길 수 있습니다. 이런 상황에 놓이는 경우 **반드시 주변 어른들이나 의견이 다른 친구들의 조언**을 들어보는 것이 필요합니다.

우리는 사춘기!

과학 호기심: 중2병은 왜 생기는 걸까?

'중2병'이라는 말은 1990년대 일본의 한 방송인이 라디오에서 '중2 때는 나도 저랬지.'라며, 사춘기 때 할 법한 행동들을 어떤 병의 증상이라며 개그로 소개한 데서 유래되었습니다.

그런데, '중2병'이라는 말이 생긴 데에는 **발달심리학적인 의미**가 숨겨져 있습니다.

성인은 다양한 경험을 통해 만들어진 가치 판단 기준으로 상황을 판단하는 반면, 경험이 부족한 청소년기에는 **상황을 주관적으로 해석**하기 때문에 **어른의 관점과는 확연하게 다른 해석**을 하게 됩니다.

또 이 시기의 공격 성향을 행동으로 옮기기에는 부담스러워 강한 욕설로 자신의 생각을 강화하거나, 품지 않아도 될 **적개심**을 만들어 내는 상황에 빠지기도 합니다.

이런 행동들은 사춘기의 특징이 맞지만, 그렇다고 해서 욕설이나 폭력을 정당화할 수는 없습니다. 누군가를 때리고 싶다고 말하는 사람을 공감한다는 것은 그가 화가 난 상황을 이해한다는 뜻이지, 폭력적인 행동을 이해한다는 것이 아니기 때문입니다. **폭력적인 행동을 했다면 그 행동은 공감의 대상이 아니며 그에 대한 책임은 온전히 당사자의 몫**이라는 것을 반드시 알아야 합니다.

이슬기 소장님과 함께하는 과학 이야기!

사춘기 뚜식이의 반항

 엄마가 하지 말라는 일에 뚜식이가 열중하는 이유

김뚜식!! 엄마가 소파에 누워서 책 보지 말라고 했지? 같은 말을 도대체 몇 번이나 해야 알아들을 거니!

엄마가 매일, 같은 소리를 반복하게 해서 결국에는 잔소리로 만들어 버리는 **사춘기 뚜식이의 마음,** 왜 그런 걸까요? 이미 습관이 된 행동이라서 고치기 힘든 걸까요? 아니면 사춘기 반항인 걸까요?

정답은 뇌에 있습니다.

우리의 뇌는 '~~이 없다, ~~이 아니다'와 같은 **부정(negation)의 개념**을 이해하기 힘들어합니다. 그래서 부정적인 잔소리나 지적을 들어도 그 행동을 바꾸는 데 도움이 되지 않는 것이지요.

우리의 뇌는 생각을 떠올릴 때 반드시 그 대상에 집중하게 됩니다.

아무리 부정하려고 해도 한 번 떠오른 생각을 없애는 건 불가능하지요.

인지 과학자 조지 레이코프(George Lakoff)는 이러한 현상을 '**프레임 효과**'라고 이야기합니다. 예를 들어 "코끼리는 생각하지 마."라고 말을 하면 할수록 머릿속에서 코끼리를 지워 버리기는커녕 코끼리 생각이 더더욱 강해지는 효과가 나타나지요.

우리는 사춘기!

스키선수들 역시 '나무를 피하자.'라고 생각하는 대신 '눈길을 따라 내려가야지.'라고 생각하며 내려옵니다. 나무를 피해야 한다고 생각하면 나무밖에 보이지 않아서 이 많은 나무를 어떻게 다 피하나 싶지요.
하지만 길에 집중하면 오히려 우리의 뇌는 나무를 지워 버립니다. 나무 사이가 사실은 넓다는 것을 인식합니다.

안 되는 것에 집중하면 안 되는 것만 보입니다. **어떤 것에 집중해야 할지 선택**하는 것이 중요합니다. 긍정형으로 표현을 바꾸는 것이 뇌에 효과적으로 정보를 주는 방식이라고 할 수 있습니다.
"소파에서 먹지 마."라고 화를 내며 지적하는 대신, "식탁에 앉아서 먹어."라고 이야기를 해야 우리의 뇌가 비로소 이해하기 시작합니다. **바꾸기 원하는 행동을 말하는 것이야말로 문제가 되는 행동을 고치고 동기 부여를 명확하게 할 수 있는 첫걸음**이라는 점을 기억해 주세요.

앞으로 "게임 그만해야지. 엄마한테 혼나겠다!"가 아니라 "이제 공부해야지! 공부는 나에게 꼭 필요한 거야!"라고 생각하고, 말하는 것이 자신에게 훨씬 도움이 될 것입니다. 그렇겠죠?

힝, 소장님도 역시 공부하라는 말씀이잖아요.

나도 아이돌처럼 되고 싶어!

나는 왜 매번 다이어트에 실패하는 걸까? 너무 속상해.

근데 우리, 요즘 외모에 대한 얘기를 많이 하는 거 같지 않냐?

맞아, 뚜순이 너도 요즘 다이어트 얘기만 하잖아.

속상

우리 엄마가 그러시는데, 지금 우리가 외모에 관심이 많아지는 시기래.

예뻐지고 싶고~

정말?

쫑긋 쫑긋

서연아, 사춘기에 접어들면 대뇌 후두엽에 있는 '새발톱고랑'이라는 시각을 담당하는 부위가 발달하면서 시각적 자극에 민감해진다고 하는구나.

그래서 외모에 관심 없던 아이들도 관심을 보이기 시작한대.

새발톱고랑이요?

↑ 서연이 엄마

133

새발톱고랑

시각을 담당하는 대뇌의 '새발톱고랑' 부위는 사춘기가 시작되는 십 대에 발달하게 되며, 이 부위가 발달하면 시각적 자극에 민감해진다. 그래서 사춘기에 접어들면 자신의 외모는 물론 다른 사람의 외모에도 관심이 많아진다. 또 사춘기는 자신의 신체적 변화를 인식하는 시기인 만큼 다른 사람의 눈에 자신이 어떻게 보이는지에 대해서도 관심을 갖게 된다.

어느 날, 휴대폰으로 걸그룹 영상을 보다가 나도 모르게 이런 말이 나와 버렸다.

그때 옆에 있던 김뚜식이 비웃었다.

나도 안다. 하지만 너무 자존심이 상했다.
그래서 나는 다이어트를 선언했다.

그런데 다이어트를 선언하고 나니 세상에 맛있는 음식이 너무 많다는 걸 깨달았다. 하지만 큰소리치며 다이어트를 선언했기 때문에 쉽게 포기할 수 없었다.

그래서 음식을 볼 때마다 유혹에 넘어가지 않기 위해 마음속으로 다이어트, 다이어트, 다이어트를 되뇌었다. 그러다 보니 습관적으로 다이어트라는 말을 하고 있었다.

그렇게 나는 '다이어터'가 되었다.

다이어트 다이어트 다이어트 다이어트
다이어트 다이어트 다이어트
다이어트 다이어트

고등학생이 되고 책상에 앉아 있는 시간이 늘어나면서 활동량이 줄었다. 그러다 보니 조금 통통한 정도였던 내가 이제는 친구들보다 훨씬 큰 옷을 입어야 하는 상황이 되었다.

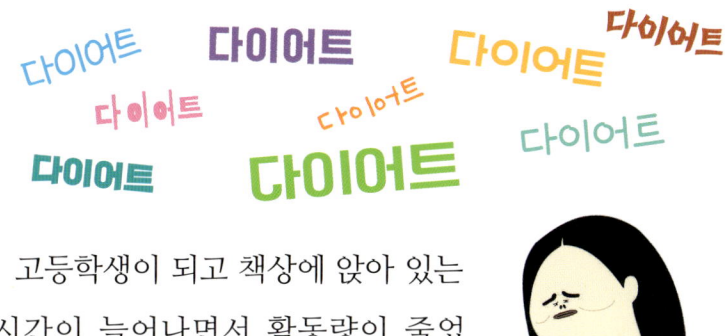

안녕? 난 뚱순이 배야.

불어난 체중 때문에 고민에 빠져 있던 어느 날, 우리 동네에 단식원이 생겼다. 단식원은 음식을 조절해 주고 적당한 운동을 추천해 주면서 살을 뺄 수 있도록 관리해 주는 곳이다.

 그래, 저기에 들어가서 딱 일주일만 고생하고 다이어트에 성공해서 나오자. 그다음부터는 평생 날씬한 김뚜순으로 사는 거야!

그리고 엄마를 졸라 단식원에 들어갔다.

그런데…….

단식원에 들어간 첫날, 나는 식판을 보고 생명의 위협을 느꼈다.

집에 돌아온 나는 냉장고로 달려갔다.
보쌈이 있었다.

오, 내 사랑 보쌈!

 먹을 때가 가장 행복해! 살은 다음에 빼고 행복한 돼지가 될 거야!

 누나는 뭐든 똑소리 나게 잘하면서 왜 다이어트는 매번 실패하는 거야?

뚜식이의 말을 듣고 바로 젓가락을 내려 놓았다. 하지만 이미 보쌈은 모두 사라지고 없었다. 어김없이 마음 깊은 곳에서 죄책감이 스멀스멀 올라왔다.

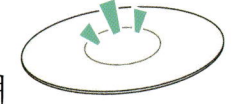 휴~, 또 과식했네. 혹시 내 배 속에 거지가 들어 있는 건 아닐까?

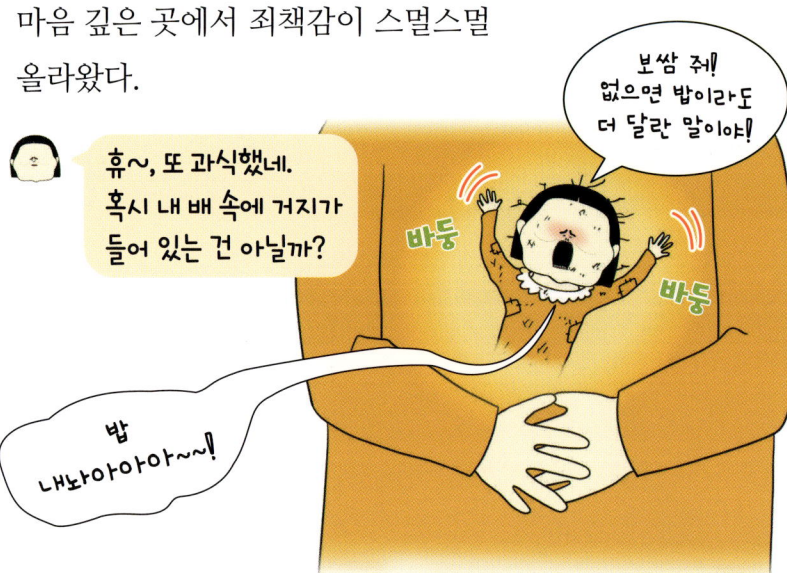

몇 시간 후, 뚜식이 방이 시끄러워서 가 보니 뚜식이의 친구가 와 있었다.

 뚜순이 누나, 안녕하세요!

 응, 전봇대(전봉대) 왔구나!

 누나! 뚜식이가 만두라면 끓여 준대요. 누나도 드실래요?

 아니, 난 다이어트 중이야.

 누나가요? 왜요?

그러자 김뚜식이 깐족대며 말했다.

 **맙소사!**

김뚜식이 갑자기 큰 소리로 말했다.

그거였어??

누나처럼 자신감 넘치는 사람이 다이어트에 집착하게 된 이유가? 여자들이 *SNS나 텔레비전에 나오는 마른 여자들을 기준으로 자신이 뚱뚱하다고 느껴서 문제가 되고 있다던데……. 누나가 엄청 날씬하지는 않지만 지금의 누나도 멋져~.

 김뚜식, 뭔가 수상하다!

 김뚜식! 내가 멋지다고? 너 용돈 떨어졌냐?

 아니~, 근데 용돈을 나눠 준다면 사양은 안 할게.

 뚜순이 누나는 지금도 너무 멋진데, 다이어트하느라 건강을 해치면 어쩌려고요…….

응? 지금 내 모습도 괜찮다고? 근데 봉대 말대로 다이어트 때문에 건강을 해치게 되면 어떡하지?

나는 내 방으로 돌아와 <u>다이어트 부작용</u>에 대해 찾아봤다.

*SNS: 소셜 네트워크 서비스(Social Network Service)의 줄임말. 온라인상에서 정보를 주고받을 수 있는 서비스.

거식증 먹는 것을 거부하거나 두려워하는 병적인 증상.

다이어트를 지나치게 많이 하거나 잘못된 방법으로 할 경우 거식증, 폭식증 등의 부작용이 생길 수 있다.

폭식증 음식을 한꺼번에 지나치게 많이 먹는 병적인 증상.

사람이 다이어트를 실패하는 데에는 재미난 사실이 숨어 있다. 우리 몸과 뇌가 아주 오래전인 석기 시대에 어렵게 먹을 것을 구하던 기억을 아직도 갖고 있다는 사실이다. 그때는 먹을 것이 부족했던 시절이라, 사냥이나 채집에 성공하면 최대한 많이 먹어 둬야 했다.

"먹을 거 있을 때 많이 먹어 둬야 해!"

"그래! 최대한 많이 먹어 두자!"

또 배가 고프면 먹을 것을 구해야 한다는 스트레스를 받게 되고 스트레스로 **코르티솔 호르몬**이 증가하면 폭식을 하게 되었다. 이와 같이 사냥에 성공하면 폭식을 하던 석기 시대의 습성이 몸에 배어 진화한 것이다.

"그걸 혼자 다 먹으면 어떡해!"

갑자기 거울이 보고 싶어졌다. 서연이가 이것도 다 뇌가 시키는 거라고 했던가?

 사춘기가 되면 뇌의 시각을 담당하는 영역이 활성화돼서 거울을 자주 보게 된대. 쉽게 말해서, 우리의 뇌가 자꾸 거울을 보라고 시키는 거지. 그래서 우리가 외모에 관심이 많아졌나 봐.

거울 보자!

치…, 거울만 자주 보면 뭐 해. 거울 자주 본다고 예뻐지는 것도 아닌데….

흥!

나도 예뻐지고 싶다.

그때 나는 지후의 말이 떠올랐다.

사람은 거울에 비친 자신의 모습을 보는 것만으로도 더 나은 행동을 하려고 노력하게 된대. 그러니까 우리, 거울을 자주 보자!

나는 요즘 거울을 보면 너무 속상해. 다이어트에 집착하게 되면서 내가 너무 못생겨 보여.

뚜순아~, 앞으로는 너의 장점을 보려고 노력해 봐. 너는 늘 자신감이 넘치고 씩씩하잖아. 어려움에 처한 친구를 보면 꼭 도와주는 따뜻함도 있고~. 그렇게 멋진 모습 때문에 친구들한테 인기도 많잖아. 나는 그런 네가 정말 부러워~. 그러니 거울 속 너에게 '멋지다.', '최고다.'라고 칭찬해 줘. 그러다 보면 네 모습이 진짜 멋져 보일 거야.

나는 거울 속 김뚜순에게 말했다.

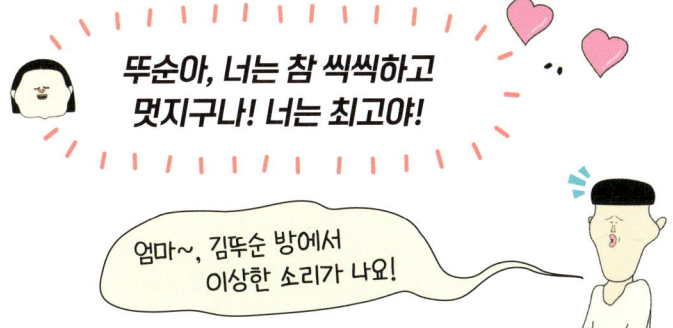

뚜순아, 너는 참 씩씩하고 멋지구나! 너는 최고야!

엄마~, 김뚜순 방에서 이상한 소리가 나요!

뚜순이의 똑소리 나는 도전 일지

지후가 다니는 복싱 체육관의 관장님이 도와주셨어~!

도전1   '다이어트'라는 말 금지!

그동안 음식을 먹을 때마다 **다이어트**라는 단어가 계속 떠올라 스트레스가 쌓이고 먹는 게 하나도 즐겁지 않았다. 그런데 다이어트라는 말을 안 하려고 노력하니까, 음식을 먹는 게 다시 행복해지고 소화도 잘됐다. 다이어트라는 말을 버릇처럼 하는 건 건강한 다이어트에 도움이 되지 않는다는 걸 깨달았다.

도전2   식단 일지 쓰기!

체육관 관장님은 물 한 잔, 사탕 하나까지 내가 먹는 모든 것을 빠짐없이 기록하라고 하셨다. 식단 일지를 쓴 지 일주일째 되는 날! 나는 깜짝 놀랐다. '내가 평소에 이렇게나 많이 먹었다고?'
식단 일지를 쓰니까 내가 어떤 음식을 언제, 얼마큼 먹었는지 한눈에 볼 수 있었다. 관장님은 자신이 무엇을 어떻게 먹고 있다는 것을 인지하는 것이 중요하다고 하셨다.

도전 날짜	9월 1일~9월 30일	참가자	김뚜순
도전 주제	건강한 다이어트		

도전3 간식과 야식 줄이기!

간식과 야식을 줄이는 건 정말 힘들었다.
하굣길에 친구들과 사 먹는 떡볶이는 우정을 돈독하게
해 주고 잠자기 전 야식을 먹으면 잠자리가 더욱 행복해지기 때문이다.
그래서 친구들과 가족들이 도와주었다.
하굣길에는 서연이와 지후도 나를 위해 간식을 사 먹지 않았다.
밤에는 우리 가족 모두 야식의 야 자도 꺼내지 않았다.
그 결과, 간식과 야식을 줄일 수 있었고 덕분에 한 달에 체중이 3kg이나
줄어들었다.
**야식을 안 먹으니까 숙면의 효과가 있었고, 간식을 줄이니까 피부도
맑아진 느낌이었다.** 관장님은 간식이나 야식으로 먹는 음식이 주로 밀가루
음식인데, 밀가루 음식을 줄이면 피부가 좋아지는
효과가 있다고 말씀하셨다.

운동도 열심히 하면
건강한 다이어트 성공!

뚜순이 누나, 안녕하세요.

안녕하세요, 저 봉대예요.

누나, 저랑 같이 떡볶이 드실래요?

김뚜순 씨! 저랑 같이 영화 보실래요?

절레 절레

아……. 이것도 아니야.

뭐라고 보내면 좋을까?

여덟 번째 일기

나의 짝사랑은 날 어떻게 생각할까?

초등학교 4학년 어느 날, 그날은 비가 내리고 있었다. 혼자 길을 걷고 있던 나는 우연히 어떤 누나가 전화 통화하는 소리를 듣게 되었다. 언뜻 들어 보니 남동생과 통화하는 것 같았다.

- 이 누나가 이번 달 용돈이 5천 원밖에 안 남았는데, 네 용돈 좀 나눠 쓰자.
- 뭐? 싫다고? 왜 싫어?
- 용돈 나눠 주면, 심부름 안 시킬게.
- 내 방에 와서 불 좀 끄라는 거 안 시킬게.

뭐! 절대 안 된다고?

통화 내용을 들어 보니, 동생을 괴롭히는 피도 눈물도 없는 누나 같았다. 동생의 용돈을 나눠 쓰자는 부탁을 저렇게 무섭게 하다니! 저런 누나가 나에게 있다면 어떨까라는 끔찍한 상상을 하고 있을 때, 그 누나는 동생과의 전화를 끊고는 씩씩댔다.

> 흥! 끝까지 용돈을 안 나눠 주시겠다 이거지!

그 누나의 뒷모습에서 무서운 기운이 스멀스멀 뿜어져 나오는 것 같았다.

추적추적 비가 계속 내렸다.

조금 더 걸어가자, 길가 한쪽에 쪼그리고 앉아 배추를 팔고 계신 할머니가 보였다. 할머니는 우산도 없이 비를 맞으며 배추를 팔고 계셨다. 그런데 앞에 가던 그 누나가 배추를 팔고 계신 할머니께 다가갔다.

투둑투둑

 **뭘 하려는 거지?**

그 누나는 할머니께 큰 소리로 인사를 했다. 씩씩했다.

찌릿! 순간 나는 찌릿함을 느꼈다.

머리에서 오는 느낌이 아니었다. 심장에서 느껴지는 것이었다. 무슨 말이냐면…….

내가 그 누나에게 첫눈에 반했다는 거다.

조금 전까지만 해도 동생을 괴롭히는 뿔 달린 누나의 모습이었는데, 단 몇 분 만에 완전히 다른 모습으로 보였다.

 천사였다.

나는 집에 와서 조금 전 내가 느낀 감정이 궁금해서 인터넷을 찾아보았다.

그리고 **도파민**과 **옥시토신** 등의 **호르몬** 때문이란 걸 알게 되었다. 내가 이렇게 어려운 용어를 쓰는 걸 보면 그 누나도 내가 멋져 보일 텐데~.

 누나! 저, 보기보다 똑똑해요.

사랑에 빠지면 나오는 호르몬들

도파민, 엔도르핀, 아드레날린, 옥시토신, 테스토스테론 등의 호르몬은 우리가 사랑에 빠졌을 때 많이 분비된다. 사랑에 빠지면 이 호르몬들이 많이 분비되어 행복감과 만족감, *유대감 등을 느끼게 된다.

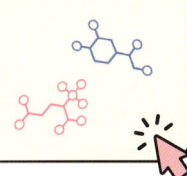

*유대감: 서로 밀접하게 연결되어 있는 공통된 느낌.

시간이 지나 그 누나가 내 친구 뚜식이의 누나라는 사실을 알게 되었다.

이것은 운명이다!

친구의 누나라서 자주 볼 수 있다는 생각에 마음이 설레었다. 또 친구를 통해 누나에 대한 이야기를 들을 수 있다는 것도 정말 행복했다.

그렇게 나의 짝사랑이 시작되었다.

중학생이 된 지금도 난 여전히 뚜순이 누나를 좋아한다.

나처럼 사랑에 빠진 사람은 이성적인 판단에 중요한 역할을 하는 전두엽이 잠시 마비되어 상대의 좋은 점만 본다고 한다.

하지만, 뚜순이 누나는 누가 봐도 정말 멋지다.

뚜식이는 아직도 내가 왜 뚜순이 누나를 좋아하는지 절대로 이해할 수 없다고 한다.

도대체 김뚜순이 왜 좋은 거야?

칭

친구들이 전봉대인 내 이름을 '전봇대'라고 부르며 놀리면 기분이 별로인데, 뚜순이 누나가 그렇게 불러 주면 좋기만 하다.

그리고 나는 치킨을 별로 좋아하지 않지만, 치킨을 너무나 사랑하는 뚜순이 누나를 위해 뚜식이네 집에 갈 때 종종 치킨을 사 간다. 뚜순이 누나가 맛있게 먹는 모습을 보면 행복하다.

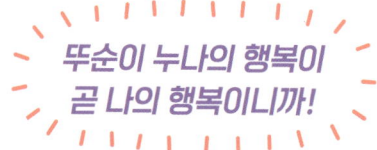

뚜순이 누나의 행복이 곧 나의 행복이니까!

어느 날, 나는 엄마와 이야기를 나누다가 좋아하는 사람이 있다고 말씀드렸다. 공부에 방해된다며 걱정하실 줄 알았는데…….

 어머, 우리 봉대가 정말 많이 컸구나. 누군가를 좋아하는 건 참 설레고 멋진 일이야. 그 학생을 많이 좋아하니?

나는 조용히 고개를 끄덕였다.

나는 공부도 열심히 하고 운동도 열심히 해서 뚜순이 누나에게 멋진 모습을 보여 주고 싶다.

봉대의 두근두근 고백 일지

1단계 뚜순이 누나에 대한 자료 수집하기!

다양한 핑계를 만들어서 뚜식이네 집에 자주 놀러 간 결과, 다음과 같은 자료를 수집할 수 있었다.

우리 뚜순이 누나는요……

1. 그룹 '원룸소년단'의 메인 보컬 박천득을 좋아해요.
2. 프라이드치킨을 엄청 좋아해요.
3. 불의를 보면 참지 못하는 매우 정의로운 스타일!
4. 언뜻 보면 동생 뚜식이를 괴롭히는 것 같지만, 알고 보면 누구보다 동생을 아끼고 사랑하는 마음씨 착한 누나예요.
5. 공부를 열심히 하고 학원도 열심히 다니는 성실한 학생이고!
6. 뚜식이를 괴롭히는 형들을 무찌를 만큼 힘이 아주 세답니다.

2단계 수집한 자료를 반영하여 고백 준비하기!

1. '원룸소년단'의 박천득 스타일로 꾸미기.
2. 프라이드치킨 닭다리로 꽃다발 만들기.
3. 고백의 말 정하기. (아~, 떨려.)
   "누나, 저는 누나가 좋아요. 누나는 저 어떠세요?"
4. 뚜순이 누나가 학원을 마치고 나올 때를 기다리기.

언제?	12월 25일 CHRISTMAS
누가 누구에게?	전봇대가 뚱순이 누나에게!
다짐은?	성공적인 고백을 위해 작전을 세우자!

3단계 멋지게 고백하기!

나는 학원을 마치고 나오는 뚱순이 누나를 향해서 걸어갔다.
떨리는 마음으로 누나에게 닭다리 꽃다발을 내밀었다.
그리고 용기를 내어 고백을 시작했다.

 누나, 저는 누나가……

전봇대, 여기서 뭐 하냐? 이거 치킨 아니야?
먹는 음식 가지고 누가 이렇게 장난하래!

 네……?

스읍! 이거 압수다! 한 번만 더 먹는 거 가지고
장난치면 그땐 진짜 혼난다~!

닭다리 꽃다발

박천득 스타일

누나는 닭다리 꽃다발을 가지고 사라졌다.
멀리…… **망했다!**

하지만 나는 포기하지 않고 기다릴 거다.
언젠가 뚱순이 누나에게 내 마음을 멋지게 고백할 수 있는 그날을!

이슬기 소장님과 함께하는 과학 이야기!

수상한 사춘기 우울증

과학 호기심: 사춘기의 '가면성 우울'

이유 없이 다 하기 싫고, 괜히 짜증만 나고, 엄마도 친구도 다 귀찮아지는 기분을 느껴 본 적 있나요? **청소년기의 우울증**은 사춘기 특유의 행동과 비슷해서 그냥 지나치기 쉽습니다. 이런 청소년기의 우울증은 왜 찾아오고, 어떻게 알 수 있을까요?

⟨성인 우울증 VS 사춘기 우울증⟩

성인의 우울증은 우울한 기분이 주가 되는 반면, 십 대의 우울증은 우울감, 무기력감, 짜증과 일탈 행동, 감정 기복과 반항 행동 등의 문제가 두드러지게 나타납니다. 이러한 십 대 우울증의 특징을 가리켜 **'가면성 우울(masked depression)'** 이라고 하지요.

2019년에 발표된 질병관리본부의 청소년 건강 행태 조사에 따르면, 중학생의 26.9%, 고등학생의 29.4%가 청소년기 우울을 경험한 적 있는 것으로 나타났습니다.

그렇다면 가면성 우울 증상은 어떻게 알아챌 수 있을까요?

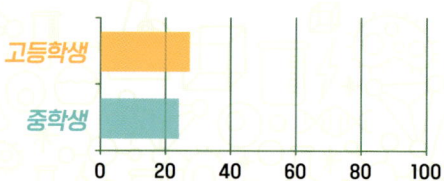

함께 알아보아요!

십 대 우울증의 가장 큰 특징은 바로 '무쾌감증'이라는 증상입니다. 무쾌감증이란, **지속적인 우울 증상으로 인해 평소 즐겨 했던 행동이 더 이상 흥미나 쾌감을 주지 않음**을 의미합니다. 예를 들어 평소 매우 좋아했던 피자를 먹어도 시큰둥하고, 학원까지 빠지며 만났던 친구들과의 만남이 부쩍 줄어들거나, 심지어는 게임을 하는 시간마저 줄어드는 등 **평소 같지 않은 행동이 갑작스럽게 늘어나는** 경우, 가면성 우울 증상을 의심해 볼 수 있습니다.

반면 우울해 보이지만, 평소 즐겨 했던 활동을 할 때는 열정을 보이고 재미있어 한다면 우울증이 아닌 경우가 많습니다.

십 대에 우울증이 찾아오면 **우울감에서 벗어나기 위해 강렬한 자극을 찾아** 헤맬 수 있습니다. 약물, 담배, 술과 같은 것에 빠지거나, 이성에 대한 집착을 통해서 정서적으로 보상을 받으려는 행동이 반복될 수 있지요.

따라서 **이런 증상이 느껴진다면 반드시 부모님과 상의**하고 정신 건강을 체크할 수 있는 전문 센터나 병원에 가서 도움을 받아야 합니다.

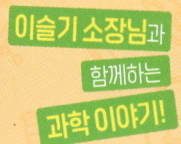

사춘기, 공감과 배려가 중요한 이유

과학 호기심: 우리 뇌에 거울이 있다고?

말을 하지 않아도 **다른 사람의 마음을 알 수 있는 능력**이 우리에게 있다는 사실, 알고 있나요?

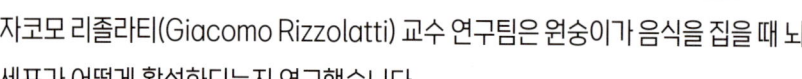

1996년, 이탈리아 파르마 대학교의 자코모 리졸라티(Giacomo Rizzolatti) 교수 연구팀은 원숭이가 음식을 집을 때 뇌세포가 어떻게 활성화되는지 연구했습니다. 그런데 우연히 흥미로운 사실을 발견했지요. 연구원이 케이크 조각을 집어 올리는 모습을 원숭이가 보게 되었는데, 그때 원숭이의 손 움직임을 담당하는 뇌세포 일부가 원숭이가 직접 음식을 집을 때와 똑같이 활성화되는 것이었어요.

이런 놀라운 관찰을 통해 연구팀은 뇌세포 중 **'타인의 행동을 거울처럼 비춰 주는 뉴런(신경 세포)'**, 즉 **거울 뉴런**이 있다고 생각하게 되었습니다. 이는 우리가 다른 사람의 행동을 무의식적으로 흉내 낸다는 것을 의미하며, **보는 것만으로도 다른 사람의 경험을 공유**할 수 있다고도 볼 수 있었지요.

거울 뉴런의 영향으로 우리는 다른 사람과 대화를 할 때 자신도 모르게 상대와 똑같은 근육을 움직인다고 합니다.

함께 알아보아요!

대화하는 사람이 웃으면 우리 역시 광대뼈 주변이 움직이고, 그 사람이 찡그리면 우리의 눈썹이 순간적으로 반응하지요.

표정을 따라 한다는 것은 그 감정도 느낄 수 있다는 것이며, 그런 **자동화 과정을 통해 우리는 다른 사람의 감정을 공감하도록 프로그램** 되어 있습니다.

사춘기, 또래 관계에 그토록 민감한 것은 친구의 웃는 표정에 공감하는 자신을 발견하고, 친구와 함께하는 시간 속에서 자신을 이해받는다고 느끼기 때문입니다. 타인과 나 사이의 장벽을 없애 주는 **'공감'**이 사춘기 때 얼마나 중요한 것인지 알 수 있지요.

과학 호기심: 사춘기, 이성에 대한 관심이 늘어나는 이유

만 9세부터 15세 사이 남성 호르몬 수치가 무려 20배나 늘어난다는 점을 생각하면, 사춘기 때 이성에 관심을 갖는 것은 자연스러운 행동입니다.

다만 **이성에 대한 호기심과 충동을 절제하는 방법을 배우는 것이 매우 중요**하지요.

좋아하는 친구가 생겨서 고민일 때는 **마음을 정돈하는 연습**을 해 보세요.

좋아하는 마음을 글로 다듬어서 한 글자 한 글자 편지에 눌러 담는 과정만으로도 생각이나 감정이 정리되기도 하니까요.

- 뚜식이 과학 신문
- 나의 게임 습관 테스트
- 뇌와 사춘기 능력 평가

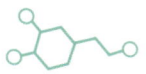

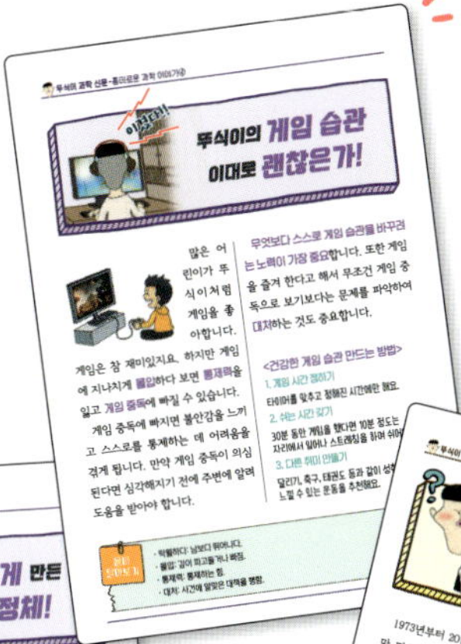

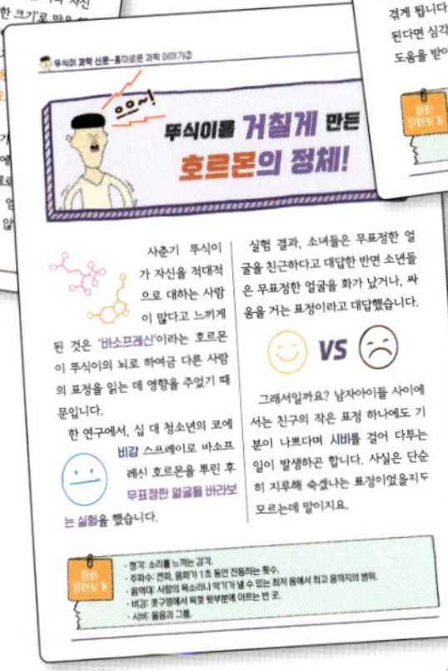

뚜식이 과학 신문

흥미로운 과학 이야기

뚜식이 과학 신문 - 흥미로운 과학 이야기①

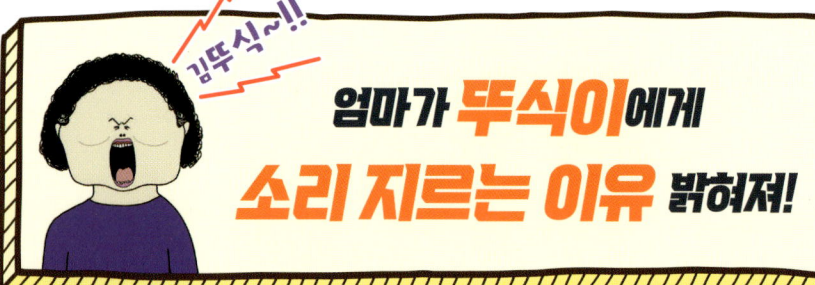

엄마가 **뚜식이**에게 **소리 지르는 이유** 밝혀져!

남자는 여자와 다르게 듣습니다. 남자의 반응이 여자와 다를 수밖에 없는 것은 **청각** 자극을 받아들이는 단계에서부터 차이가 나기 때문이지요.

소아 청력학자인 바버라 콘 웨슨은 60명의 남녀 아기들을 대상으로 연구를 했습니다. 사람의 말소리를 이해하는 데 결정적인 **주파수의 음역대**인 1,500Hz(헤르츠)의 소리를 아기들에게 들려주었습니다.

그런데 여자 아기들이 남자 아기들에 비해 약 80% 정도 더 민감하게 소리에 반응하는 것이었습니다. 이는 **남자가 여자보다 청각에 둔감하다는 것을 의미**했지요. 이런 차이는 중대한 결과를 가져오게 됩니다.

"저는 늘 적당한 크기로 말하는데, 우리 딸은 제 목소리가 너무 크다고 투덜거려요."라며 속상해하는 아빠들이 있습니다. 아빠 자신이 느끼기에 '적당한 크기'로 말을 했다면, 딸에게는 아빠가 생각한 것보다 약 10배는 더 크게 들렸을 것입니다. **결국 아빠는 자기도 모르게 딸에게 소리를 지른 셈이지요.**

그 반대 역시 마찬가지입니다. 사춘기에 접어든 뚜식이에게 엄마가 큰 소리를 지른다면, 실제로 뚜식이 같은 남자아이의 청력이 엄마가 생각하는 것보다 민감하지 않기 때문이지요.

뚜식이 과학 신문 - 흥미로운 과학 이야기②

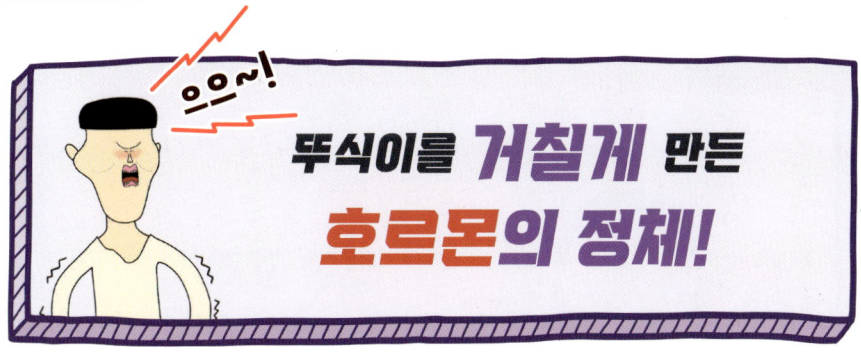

사춘기 뚜식이가 자신을 적대적으로 대하는 사람이 많다고 느끼게 된 것은 '**바소프레신**'이라는 호르몬이 뚜식이의 뇌로 하여금 다른 사람의 표정을 읽는 데 영향을 주었기 때문입니다.

한 연구에서, 십 대 청소년의 코에  **비강** 스프레이로 바소프레신 호르몬을 뿌린 후 **무표정한 얼굴을 바라보는 실험**을 했습니다.

실험 결과, 소녀들은 무표정한 얼굴을 친근하다고 대답한 반면 소년들은 무표정한 얼굴을 화가 났거나, 싸움을 거는 표정이라고 대답했습니다.

 **VS**

그래서일까요? 남자아이들 사이에서는 친구의 작은 표정 하나에도 기분이 나쁘다며 **시비**를 걸어 다투는 일이 발생하곤 합니다. 사실은 단순히 지루해 죽겠다는 표정이었을지도 모르는데 말이지요.

용어 알아보기
- 청각: 소리를 느끼는 감각.
- 주파수: 전파, 음파가 1초 동안 진동하는 횟수.
- 음역대: 사람의 목소리나 악기가 낼 수 있는 최저 음에서 최고 음까지의 범위.
- 비강: 콧구멍에서 목젖 윗부분에 이르는 빈 곳.
- 시비: 옳음과 그름.

뚜식이 과학 신문 - 흥미로운 과학 이야기 ③

뚜식이, 뚜순이 기억법 다르다는 연구 결과!

1973년부터 2013년까지 무려 123만 명을 대상으로 이루어진 연구에 따르면, **여자와 남자의 기억 방법**이 다르다고 합니다.

여자는 얼굴을 기억하거나, 냄새, 맛을 기억하는 능력이 남자보다 높았고,

남자는 장소와 같은 공간을 중심으로 기억하는 능력이 높았습니다.

여자들은 처음 간 장소의 향기나 그곳에서 만났던 사람들의 표정과 대화 내용을 하나의 이야기로 묶어서 가지런히 정돈하는 데 **탁월한** 능력을 발휘할 수 있습니다.

반면 남자들은 같이 놀았던 친구의 표정이나 나누었던 대화 자체를 기억하는 데 관심이 적지요.

실제로 많은 남자 아이가 무려 한 학기 넘게 같은 반에서 지냈던 친구 이름을 물어봐도, **"이름이 뭐였더라?"** 와 같은 반응을 보이는 데에는 이런 이유가 숨어 있답니다.

뚜식이 과학 신문 - 흥미로운 과학 이야기 ④

많은 어린이가 뚜식이처럼 게임을 좋아합니다.

게임은 참 재미있지요. 하지만 게임에 지나치게 **몰입**하다 보면 **통제력**을 잃고 **게임 중독**에 빠질 수 있습니다.

게임 중독에 빠지면 불안감을 느끼고 스스로를 통제하는 데 어려움을 겪게 됩니다. 만약 게임 중독이 의심된다면 심각해지기 전에 주변에 알려 도움을 받아야 합니다.

무엇보다 스스로 게임 습관을 바꾸려는 노력이 가장 중요합니다. 또한 게임을 즐겨 한다고 해서 무조건 게임 중독으로 보기보다는 문제를 파악하여 **대처**하는 것도 중요합니다.

<건강한 게임 습관 만드는 방법>

1. 게임 시간 정하기
타이머를 맞추고 정해진 시간에만 해요.

2. 쉬는 시간 갖기
30분 동안 게임을 했다면 10분 정도는 자리에서 일어나 스트레칭을 하며 쉬어요.

3. 다른 취미 만들기
달리기, 축구, 태권도 등과 같이 성취감을 느낄 수 있는 운동을 추천해요.

 용어 알아보기
- 탁월하다: 남보다 뛰어나다.
- 몰입: 깊이 파고들거나 빠짐.
- 통제력: 통제하는 힘.
- 대처: 사건에 알맞은 대책을 행함.

나의 게임 습관 테스트

다음을 잘 읽고 나에게 해당하는 것에 표시하세요.
★ 그렇다 **3점**, 보통 **2점**, 아니다 **1점**

	그렇다	보통	아니다
1. 게임을 하면서 즐거운 에너지가 생긴다.	☐	☐	☐
2. 게임을 통해 내 생활에 쓸 수 있는 새로운 아이디어가 생긴다.	☐	☐	☐
3. 게임을 하면서 기분 전환을 한다.	☐	☐	☐
4. 게임을 통해 집중하는 경험을 한다.	☐	☐	☐
5. 게임을 잘할 때 내가 대단하다는 느낌이 든다.	☐	☐	☐
6. 게임을 하면서 친구들과 잘 어울린다.	☐	☐	☐
7. 게임을 통해서 일상에서 경험하기 힘든 다양한 경험을 하게 된다.	☐	☐	☐
8. 게임을 하면서 무엇인가에 완전히 빠져드는 경험을 한다.	☐	☐	☐
9. 상대방과의 경쟁에서 이기거나 레벨 업을 하면 성취감을 느낀다.	☐	☐	☐
10. 게임을 통해 친구들과 함께 나눌 수 있는 일들이 많다.	☐	☐	☐

	그렇다	보통	아니다

11. 기분이 좋지 않을 때 게임을 하면 쉽게 기분이 풀린다. ☐ ☐ ☐

12. 원하는 만큼의 만족감을 느끼려면 전보다 훨씬 더 오래 게임을 해야 한다. ☐ ☐ ☐

13. 게임을 못 하거나 갑자기 줄이면 초조하고 불안해진다. ☐ ☐ ☐

14. 매번 계획한 시간보다 훨씬 더 오래 또는 자주 게임을 한다. ☐ ☐ ☐

15. 여러 번 게임을 줄이거나 끊으려고 시도했으나 실패했다. ☐ ☐ ☐

16. 하루 중 대부분의 시간을 게임을 생각하는 데 보낸다. ☐ ☐ ☐

17. 게임으로 인해 가족과 함께하는 중요한 일(여행, 집안 행사 등)에 빠지거나, 가더라도 제대로 참여하지 못했다. ☐ ☐ ☐

18. 건강이 나빠짐(어깨 통증이나 시력 약화 등)에도 불구하고 게임을 계속하게 된다. ☐ ☐ ☐

19. 게임을 못 하거나 갑자기 줄이게 되면 무기력하고 우울해진다. ☐ ☐ ☐

20. 게임 아이템을 사기 위해서 세 번 이상 돈이나 문화상품권 등을 모아 본 적이 있다. ☐ ☐ ☐

나의 게임 습관 테스트 결과

자신이 표시한 문항의 점수를 모두 더한 다음
해당하는 단계를 확인해 보세요.

20~30점 올바른 사용자군
게임 이용에 특별한 문제가 없고, 게임을 건전하게 사용하고 있습니다.

31~40점 일반 사용자군
게임 이용에 특별한 문제가 없지만, 게임의 긍정적 결과도 없습니다. 건전한 게임 이용 습관을 기르기 위해서 꾸준히 노력하면 일상생활에 지장을 줄 정도의 문제가 생길 확률이 낮습니다.

41~50점 과몰입 위험군
게임의 긍정적 결과가 있지만, 동시에 게임 이용에 문제가 많이 발견됩니다. 게임 이용에 발견되는 문제를 해결하기 위한 전문 상담이 필요합니다.

51~60점 과몰입군
게임의 긍정적 결과는 거의 없고, 게임 이용에 문제가 많이 발견되는 매우 위험한 단계입니다. 일상생활에 심각한 지장을 주는 상황에 처해 있을 확률이 높습니다. 게임 과몰입 문제를 해결하기 위해 즉각적인 전문 상담이 필요합니다.

혹시 자신의 게임 습관이 걱정된다면, 한국콘텐츠진흥원 홈페이지에 접속하여 **'게임 습관 자가 진단'**을 통해 더 정확한 진단을 받아 볼 수 있어요. 초등학생의 경우 부모님이나 선생님과 함께 하면 좋답니다.

한국콘텐츠진흥원 홈페이지 접속 QR 코드

뚜식이의 과학 일기 | 뇌와 사춘기 |

1교시 # 능력 평가 문제지

1. [기억력] 멍때리기 대회 후 뚜순이와 친구들은 무엇을 먹기로 했나요?
   ① 치킨　② 햄버거
   ③ 떡볶이　④ 피자

2. [상식] 다음 중 뚜식이의 엄마가 자주 하는 말은?
   ① 날씨가 매우 좋구나!
   ② 왜 또 그래, 왜~!
   ③ 난 모르는 일이야.
   ④ 음~, 놀러 가고 싶어!

3. [과학] 괄호 안에 들어갈 말로 올바른 것은?

스트레스를 받으면 (　　) 호르몬이 분비돼요.

   ① 탕후루　② 캡사이신
   ③ 세로토닌　④ 코르티솔

4. [상식] 봉대가 좋아하는 여학생의 특징이 아닌 것은?
   ① 그룹 '원룸소년단'을 좋아한다.
   ② 치킨을 너무너무 싫어한다.
   ③ 불의를 보면 참지 못하는 정의로운 스타일!
   ④ 톡 쏘는 말투가 매력이다.

5. [기억력] 방탈출 카페에서 마지막 암호를 푼 사람은?

뚜식이의 과학 일기 | 뇌와 사춘기 |

2교시 능력 평가 문제지

1. [과학] 다음에서 설명하는 이것은 무엇인가요?

   > **이것**은 뇌의 대부분을 차지하는 부분으로, 기억, 판단, 추리 등의 정신 활동을 담당합니다.

   ① 소뇌　　② 눈
   ③ 대뇌　　④ 변연계

2. [기억력] 밤늦게까지 잠을 자지 않아도 칭찬받을 수 있는 방법에 해당되는 것은?

   ① 친구와 깨톡을 주고받는다.
   ② 큰 소리로 노래를 부른다.
   ③ 열정적으로 게임에 몰입한다.
   ④ 열심히 공부한다.

3. [과학] 다음 중 사춘기의 특징이 아닌 것은?

   ① 멜라토닌 분비가 늦어진다.
   ② 친구와의 관계가 중요해진다.
   ③ 누구에게나 친절하고 상냥해진다.
   ④ 이유 없이 짜증이 나기도 한다.

4. [과학] 괄호 안에 알맞은 말을 써 넣으시오.

   > (　　　　　)는(은) 안정적인 상태가 깨질 것 같을 때 느끼는 몸과 마음의 긴장 상태를 말하며, 예민한 청소년 시기에 이것을 많이 받아요.

5. [기억력] 머리에 뿔이 난 그림자의 정체는 누구였나요?

   (　　　　)

정답은 185쪽에!

유튜브 인기 애니메이션

뚜식이

엉뚱 발랄 **뚜식이 뚜순이** 남매의 웃음 폭탄 이야기!

웃음과 감동 무제한 서비스!
뚜! 뚜! 뚜식이~ ♪♬

뚜식이 특★판

뚜식이 과학

뚜식이의 과학일기

쉿! 뚜식이의 일기를 공개합니다!

원작 뚜식이 | 글 최유성 | 그림 신혜영 | 감수 및 과학 콘텐츠 이슬기(인지과학 박사) | 감수 샌드박스네트워크
188쪽 내외 | 값 각 14,000원

상상 초월! 호기심 폭발! 과학 스토리!

뚜식이와 뚜순이의 솔직하고 엉뚱한 일기를 통해
상상을 초월하는 재미는 물론 흥미진진한
과학 이야기를 만나 보세요.

엉뚱하고 귀여운 뚜식이의 일기 대공개!

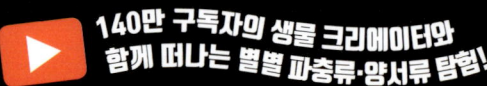

생물인 정브르,
이색 파충류를 찾아 떠나다!
**브린이를 위한 정브르의
별별 파충류 일기!**

정브르의 일기 시리즈

극장판 스페셜북 정브르의 동물 일기
① 정브르의 곤충 일기
② 정브르의 파충류 일기
③ 정브르의 아마존 일기
④ 정브르의 희귀동물 일기
⑤ 정브르의 맹독생물 일기
⑥ 정브르의 반려동물 일기
⑦ 정브르의 열대동물 일기
⑧ 정브르의 물속동물 일기
⑨ 정브르의 별별곤충 일기
⑩ 정브르의 정글탐험 일기

ⓒ정브르. ⓒSANDBOX NETWORK. 구입 문의 (02)-791-0708 서울문화사

생생한 사진으로 만나는 초강력 뱀 배틀!

더 크고 생생한 사진으로 만나는 뱀들의 치열한 배틀! 과연 초강력 뱀왕의 승자는 누가 될 것인가!

① 생생한 뱀 사진　② 흥미진진 배틀 장면　③ 신기한 뱀 탐구

"강한 독을 가진 무시무시한 뱀부터 온순하고 귀여운 뱀까지 모두 소개합니다!"

인기 생물 유튜버 TV생물도감의 강력 추천!

생물 배틀 도감 시리즈

160p / 각 권 정가 14,000원

구입 문의: 02-791-0708　서울문화사

뚜식이의 과학 일기를 만든 사람들

원작 : 뚜식이
일상 속 다양한 상황과 황당하고 기발한 소재를 개성 넘치는 그림체의 애니메이션으로 구성하는 크리에이터입니다.

감수 및 과학 콘텐츠 : 이슬기
서울대학교에서 인지과학 박사를 수료하고, 현재 수인재두뇌과학 분당센터와 잠실센터에서 산만한 아이의 뇌 발달을 돕고 있습니다. 뇌과학, 심리학, 언어학, 철학, 인공지능이 융합된 인지과학을 전공했으며, 인지과학 분야의 이론 및 최신 연구들을 '네이버 부모i' 전문가 섹션 및 강연, 방송 등을 통해 전달하고 있습니다.

글 : 최유성
호기심이 많고 엉뚱한 상상을 좋아합니다. MBC 창작 동화 공모에서 단편 동화 <곤줄박이 관찰 일기>로 대상, 우리교육 어린이책 작가상 창작 부문에서 <다름이의 남다른 여행>으로 대상을 수상하였습니다. 어린이책 전문작가로 활동하고 있으며 <색깔 속에 숨은 세상 이야기> 등을 펴냈습니다.

그림 : 신혜영
대원수퍼만화대상 공모전에 입상하여 작가로 데뷔, 만화잡지 '이슈'에서 작품을 시작하였습니다. 현재 웹툰과 어린이 학습만화를 오가며 다양한 장르의 작품을 통해 독자와 만나고 있습니다. [퀴즈 과학상식] 시리즈와 <신비아파트 틀린그림찾기 사전> <문방구TV 로블록스 코믹툰> 등을 펴냈습니다.

감수 : 샌드박스네트워크
최근 각광받고 있는 MCN 업계의 선두 주자. '크리에이터들의 상상력으로 세상 모두를 즐겁게!'라는 비전을 가지고 크리에이터가 자신의 창의력과 능력을 마음껏 발휘하는 디지털 문화 생태계를 조성하고자 합니다.

구성 및 디자인 : 윤보현
광고 기획 및 디자인을 시작으로 현재는 도서 기획 및 편집 디자인 작업도 함께 하고 있습니다. 스토리를 구성, 편집, 디자인까지 하는 캡처북 작업 등 도서 관련한 폭넓은 활동을 하고 있습니다.

참고 자료

- 데이비드 버스, 《진화심리학》, 이충호 옮김, 웅진지식하우스(2012)
- E. B. McClure, "A meta-analytic review of sex differences in facial expression processing and their development in infants, children, and adolescents", Psycholoical Bulletin(2000)
- M. A. Williams, J. B. Mattingley, "Do angry men get noticed?" Current Biology(2006)
- B. Schiffer, C. Pawliczek, B. W. Muller, E. R. Gizewski, H. Walter, "Why don't men understand women?" Altered neural networks for reading the language of male and female eyes. PLOS ONE(2013)
- David R. Shaffer, 《발달심리학》, 송길연 옮김, Cengage Learning(2009)
- 이슬기, 《산만한 아이의 특별한 잠재력》, 길벗(2020)

신난다.　　　　기분이 좋다.

　　히히　　　　　　　

　　　　봉구야, 사랑해.

　　즐겁다.　　우리 누나는 항상
　　　　　　　　　　내 편이다.

　　　　　　김뚜식 천재　　좋다.

　　　　하늘아, 사랑해.

　　와~　　　　　　치킨!　　

행복해.　우리 할아버지는　치킨!
　　　　진짜 다정하셔!

　　　　　　　　　우리 할아버지 짱!

　　　　　　　　　서연이 누나가 좋다!
　　　　나는 잘생겼다.　　　^
　　　　　　　　　　　　　너무

　　신난다!　열심히 운동하기!

　　　　아빠가 용돈을 주셨다.
　　　　좋은 아빠다.　　

천평이가 그랬다
　　"형은 정말 멋져요!"

너무 기분 좋다.

기쁘다.

오! 공부가 잘된다!

김뚜식은 멋지다!

~~예~~예쁘다.

서연이 누나! 뭐라고요?
저를 좋아하신다고요? 히히히

누나가 내 숙제를 도와줬다.
조금 고마웠다.

감사해요.

오늘 날씨가
정말 좋다.

서연이 누나가
오늘 날 보고 웃어 주었다.

재밌~~다~~다!

엄마가 해 주신 김치찌개가
세상에서 제일 맛있다.

아하!

으하하하!

나는 김뚜식이다!

게임에서 봉대를 이겼다.

신난다.

친구가 생겼다.

감동이야.

너무 아름다운 세상이다.

여러분의 사춘기를
뚜식이가
응원합니다!

으쌰!! 으쌰!!

만족 행복 신남 기쁨 감동 즐거움 편안함